Konrad Dietzfelbinger

Die Geistesschule des Goldenen Rosenkreuzes

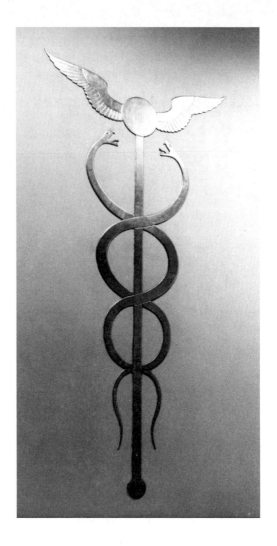

Der Stab des Hermes (Merkur). Das sehr ausdrucksstarke Symbol mit mehreren Bedeutungsebenen stellt unter anderem die Bewegung des Menschen und der ganzen Menschheit durch die verschiedenen Weltperioden vom Ursprung in der göttlichen Welt bis zum Nadir in der stofflichen Welt und zurück zum Ursprung dar, sowie den spirituellen Weg. Deshalb bringt dieses Symbol auch das Werden des transfigurierten Menschen zum Ausdruck.

Konrad Dietzfelbinger

Die Geistesschule des Goldenen Rosenkreuzes

LECTORIUM ROSICRUCIANUM

Eine spirituelle Gemeinschaft der Gegenwart

dingfelder

Die Deutsche Bibliothek – CIP-Einheitsaufnahme

Dietzfelbinger, Konrad:
Die Geistesschule des Goldenen Rosenkreuzes : Lectorium Rosicrucianum ;
eine spirituelle Gemeinschaft der Gegenwart / Konrad Dietzfelbinger
- Andechs : Dingfelder, 1999
ISBN 3-926253-52-5

Gedruckt auf säurefreiem, alterungsbeständigem Papier
1999
ISBN 3-926253-52-5
© 1999 by Dingfelder Verlag, Annette und Gerd Gmelin GbR, Andechs
Umschlaggestaltung: Gerd E. Gmelin
Titelfoto (Randall Motz):
Sonnenaufgang am »Old Orchard Beach«, Bundesstaat Maine, USA
Satz: Dingfelder Verlag, Andechs
Druck und Bindung:
Kösel, Kempten
Printed in Germany

Inhaltsverzeichnis

Grundsatzerklärung
des Lectorium Rosicrucianum 10
Einführung 11
   Sehnsucht 11
   Ruhe 14
   Gemeinschaft 16
Prinzipien der universellen Lehre 19
   Einschätzungen von außen 19
   Grunderfahrungen eines Geistesschülers 21
   Göttliche Welt 21
   Ungöttliche Welt 23
      Das Jenseits – die „Spiegelsphäre" 26
   Mikrokosmos 27
   Aufhebung einer Störung.......................... 28
      Berechtigung einer Geistesschule 30
      Entwicklung der Menschheit 32
Entstehung der Geistesschule 35
   Voraussetzungen 35
   Jahrhundertwende 37
      Psychoanalyse 39
      Künstler 41
      H. P. Blavatsky 42
      Rudolf Steiner 44
      Max Heindel 47
      Jan van Rijckenborgh 48

Die Anfänge 54
   Jan Leene – Zwier Willem Leene 55
   Wahres Christentum? 55
   A. H. de Hartog 58
   Die „Weltanschauung der Rosenkreuzer" 59
   Die „Nederlandse Rozekruisers Genootschap" 60
   Unabhängigkeit 62
   Spirituelle Arbeit 65
   Henny Stok-Huizer 67
Weitere Klärungen 69
   Transfiguration 70
Jan Leene als Schriftsteller 75
   Expressionismus 75
   Technik 76
   Der „lebende Körper" 77

Spirituelle Wurzeln des Lectorium Rosicrucianum 81
  Christian Rosenkreuz 81
   „Christian Rosenkreuz als geistiges Prinzip" 81
     Bewußtheit 81
     Universalität 83
     „Christian Rosenkreuz als Formel" 85
   Die historischen Rosenkreuzer 86
     Die klassischen Rosenkreuzerschriften 87
     Geschichtlichkeit des Christian Rosenkreuz? ... 87
     Ein klassischer Orden vom Rosenkreuz? 89
  Die Katharer 92
   Lehre und Weg der Katharer 93
   Ende der Katharer 95
   Antonin Gadal 96
  Freimaurerei und Alchimie 99
   Freimaurerei 99
   Alchimie 100

Verhältnis der Geschlechter	102
Die Gnosis	104
„Sohn Gottes"	106
Erlösung	106
Zwei Welten	107
Die Universelle Lehre	108
Synkretismus oder Universelle Lehre?	108
Die „universelle Geistesschule"	111
Entwicklungen im und nach dem Krieg	113

Der Weg der Geistesschule 117

Das Ziel	117
Der spirituelle Weg	119
Verlangen nach dem Geist	119
Hindernisse	120
Bestimmung des Menschen	121
Der Weg als subjektive Erfahrung des Schülers	122
„Einsicht"	123
„Heilbegehren"	125
„Selbstübergabe"	126
„Neue Lebensführung"	128
„Bewußtwerdung"	130
Besondere Merkmale des Weges	132
Glaube, Erkenntnis und Tat	132
Verwirklichung	133
Objektive Veränderungen auf dem spirituellen Weg	134
Innere Struktur der Geistesschule des Rosenkreuzes	141
Verhältnis der Stufen zueinander	141

Die Arbeit der
Geistesschule des Goldenen Rosenkreuzes 145

Drei helfende Faktoren	145
Die Gründer der Geistesschule	148

Die Lehre 149
    Verbindung mit der geistigen Welt 150
    Erfahrung der geistigen Welt 150
    Verwirklichung der geistigen Welt 152
    Äußere Lebensregeln 153
    Die Lehre als Kraft 155
    Sakramente 156
Die Gruppe 156
    Tempeldienste 157
        Themen 157
        Symbole 158
    Konferenzen 160
    Geheimhaltung? 161
    Keine Übungen 162
    Das Gebet 164

Der Aufbau der Geistesschule 167
Zugang zum Lectorium Rosicrucianum 168
    Schülertum 168
        Austritt 170
    Mitgliedschaft 170
    Das Jugendwerk 171
Aspekte der äußeren Organisation 174
    Leitung in Freiheit 174
        Einsetzung von Mitarbeitern 174
        Reinheit der Lehre 176
        Freiheit des Schülers 177
    Verschiedenheit in Einheit 177
    Besitz in Liebe 179
        Materieller Besitz 179
        Immaterialler Besitz 181
    Spontaneität und Verfestigung 181
        Lehre 182

Individuum und spirituelle Gemeinschaft 183
   Erstens: Gemeinschaft im Geist 183
   Zweitens: Verstärkter Kräfteaustausch 184
   Drittens: Wachstum der Verantwortung 184
   Viertens: Selbsterkenntnis 185
  Verhältnis der Geschlechter 185
   Gleichberechtigte Zusammenarbeit 186

Die Geistesschule des
Goldenen Rosenkreuzes in der Gesellschaft 189
  Erklärung der Bruderschaft des Rosenkreuzes 189
  Die Entwicklung der letzten Jahrzehnte 191
  Die Geistesschule des Rosenkreuzes in ihrer Umwelt .. 194
  Politische Neutralität
  der Geistesschule des Rosenkreuzes 195
  Das Lectorium Rosicrucianum und
  die Wissenschaften 199
   Ein neues Weltbild 199
   Naturwissenschaften 200
   Neue Medizin 200
   Neue Psychologie 201
   Gesellschafts-Wissenschaften 202
  Das Lectorium Rosicrucianum und die Künste 205
  Das Lectorium Rosicrucianum und die Religion 206
   Die universelle Kirche 206
   Die heiligen Schriften 209
   Das Lectorium Rosicrucianum und die Kirchen 211
  Das Lectorium Rosicrucianum
  und esoterische Strömungen 213

Das Offenbarwerden des Christus 219

Anmerkungen 221

Grundsatzerklärung des Lectorium Rosicrucianum

Das Lectorium Rosicrucianum entlehnt seinen Namen der klassischen Bezeichnung „Rosenkreuz" oder „Christian Rosenkreuz". Das Lectorium stellt sich auf den Standpunkt, daß dieser Name nicht irgendeinem Menschen als Familienname gehörte, sondern sich auf eine bestimmte geistige Ausrichtung bezieht.

Wir nennen uns Rosenkreuzer, um damit anzudeuten, daß Jesus Christus in unserem Leben ein lebendiger Faktor ist und wir seinen Weg in der Praxis gehen wollen. Darum der Vorname „Christian".

Der Pfad des Christus ist ein Weg, eine Methode, eine Lebenshaltung, eine religiöse Gesinnung, die auf „das Bearbeiten der Rose" gerichtet ist. Die Rose ist ein in jedem Menschen ruhendes, latentes Prinzip, auf dem als Basis die Gotteskindschaft verwirklicht werden kann. Dieses Prinzip ist in jedem Menschen vorhanden.

„Das Bearbeiten der Rose" in der Kraft und der Gnade Christi und nach den Anweisungen der klassischen Weisheit, der Universellen Lehre, schenkt jedem, der es will, nach dem Prolog des Johannes-Evangeliums: „Allen, die ihn annehmen, gibt er Macht, wiederum Kinder Gottes zu werden" die Gelegenheit, das große Ziel, für das jeder Mensch geboren ist, zu erreichen. Dieses ganze Streben kann mit dem Namen „Christian Rosenkreuz" umschrieben werden.

Einführung

> *Zum Sterben verurteilt ist alles Unwahrhaftige; zum Leben ist alles gerufen, was aus dem ewigen Sonnenherzen des Vaters geboren wurde.*
> (Jan van Rijckenborgh, „Der Ruf der Rosenkreuzer-Bruderschaft")

Sehnsucht

Die wichtigste Frage, die der Mensch sich stellen kann, lautet: Wie lebe ich meinem wahren Wesen gemäß? Wie lebe ich meiner eigentlichen Identität gemäß? Diese wahre Identität ist etwas Ewiges im Menschen, ihm in aller Regel nicht bewußt, aber doch nach Bewußtwerdung und Verwirklichung drängend: das noch unentfaltete „Ebenbild Gottes"[1], wie es die Bibel ausdrückt.

Der Mensch besitzt auch eine Scheinidentität, bestehend aus seinen ichbezogenen Wünschen, Interessen und Anpassungen. Die Frage nach dem wesensgemäßen Leben sucht nicht zu ergründen, wie diese Scheinidentität verwirklicht, wie die ichbezogenen Bedürfnisse und Interessen des Menschen am besten zu befriedigen wären oder den Konventionen am besten entsprochen werden könnte.

Die Frage nach dem wesensgemäßen Leben stellt im Gegenteil gerade ein Leben, das nur aus der Befriedigung von Bedürfnissen und Interessen und der Anpassung an Konventionen besteht, in Frage. Sie verlangt eine Antwort darauf, ob wirklich ein solches Leben dem Wesen des Menschen, seinen eigentlichen Möglichkeiten, seinem wahren Selbst entspricht.

Der Mensch kann auf diese bohrende Frage, auf den innersten Drang, seine wahre Identität zu verwirklichen, auf tausenderlei Arten antworten. In der Regel projiziert er seine Sehnsucht auf Dinge, die ihm diese Sehnsucht unmöglich erfüllen können, und geht so von Enttäuschung zu Enttäuschung. Mancher setzt auf Karriere, Macht, Reichtum und Erfolg: auf Aspekte seiner Scheinidentität. Aber durch noch so große Macht, Reichtum, Sicherheit und Erfolg kann der Ruf aus dem innersten Wesen nicht beantwortet werden.

Viele erhoffen sich Erfüllung ihrer tiefsten Sehnsucht durch zwischenmenschliche Beziehungen. Doch Gefühle von Harmonie, Liebe, Vertrauen und Anerkennung, so schön sie sein mögen, stillen den Drang des Menschen nach Verwirklichung seines wahren Selbst nicht. Auch auf wissenschaftliche Erkenntnis, Fortschritt durch Technik, Etablierung geeigneter sozialer Systeme oder humanitäre Tätigkeit im Dienst der Kranken, Armen und Schwachen wird die Sehnsucht nach dem wesensgemäßen Leben projiziert. Die Erfüllung muß auch hier auf die Dauer scheitern, da selbst die höchste wissenschaftliche Erkenntnis, die ausgefeilteste Technik, das beste politische System und die aufopferungsvollste humanitäre Hilfe dem wahren Selbst nicht zum Leben verhelfen.

Zahllos sind weiter die Versuche, auf den innersten Drang nach wesensgemäßem Leben durch religiösen Glauben zu antworten. Doch viele religiöse Menschen glauben zwar, prinzipiell erlöst zu sein, bemerken aber, daß trotz ihres Glaubens und der religiösen Riten die Erfahrung eines Lebens im Einklang mit der Ewigkeit ausbleibt. Daher projizieren sie dieses Leben auf die „Zeit" nach dem Tod. Sie hoffen, daß sich nach dem Tod einstellt, was ihnen in diesem Leben versagt geblieben ist: die Verwirklichung des Ebenbildes Gottes, das der Mensch seinem eigentlichen Wesen nach ist.

Aber warum sollte sich das Ebenbild Gottes, das Göttliche im Menschen, die Eigenschaften unendlicher Liebe, Weisheit und Freiheit, nach dem Tod plötzlich entfalten, wenn es doch während des Lebens nicht entfaltet wurde? Die Projektion und Verschiebung dieses Zustands auf ein Leben nach dem Tod verhindert seine Entfaltung im gegenwärtigen Leben gerade – und dadurch auch nach dem Tod.

Immer mehr religiöse Menschen kommen zu dieser Einsicht und stürzen sich daraufhin auf esoterische Methoden, das wahre Selbst in der Gegenwart zu verwirklichen. Es müßte beispielsweise doch durch Weckung und Schulung übersinnlicher Organe ein Zugang zum wesensgemäßen Leben zu gewinnen sein, so daß das wahre Wesen zum Vorschein käme und wirksam würde.

Man kann die zahlreichen Wege, die in dieser Hinsicht eingeschlagen werden, untersuchen. Dann entdeckt man, daß viele Wege schon allein von ihren Voraussetzungen her das anvisierte Ziel unmöglich erreichen können. Übungen z. B., die Verstand, Gefühl und Willen des ichbezogenen Menschen verfeinern, sind nicht geeignet, das innerste Wesen zu entfalten.

Denn es werden so nur Eigenschaften fortentwickelt, die dieses innerste Wesen gerade nicht sind. Mag dann auch das Bewußtsein erweitert werden und der Mensch sich neue Dimensionen erschließen: Es kann unter dieser Voraussetzung doch nur das Alte erweitert werden. Das ersehnte neue, wahre Leben wird nicht zum Vorschein kommen.

Andere Wege zur Bewußtseinserweiterung verfahren gerade umgekehrt. Sie wollen die Fähigkeiten des ichbezogenen Menschen nicht fortentwickeln und verfeinern, sondern sie im Gegenteil bewußt loslassen, damit andere, bisher nicht wirksame Kräfte im Menschen zum Vorschein kommen können. Aber hierbei ist entscheidend, für welche Ebene und welche Kräfte die ichbezogenen Eigenschaften losgelassen werden. Es ist in vielen Fällen so, daß sie nicht für das innerste Wesen des Menschen losgelassen werden, sondern für Kontakte zu Sphären, die nicht diesem innersten Wesen zugehören. Wenn sich der Mensch für die Welt der Toten öffnet und Kundgebungen von ihr erhofft, wenn er sich sogenannten „höheren Gebieten" öffnet und prophetische Eingebungen erwartet, wenn er sich zu einem Kanal für Einflüsse aus diesen „höheren Gebieten" macht und Botschaften er„channelt", so werden sich in vielen Fällen durchaus Ergebnisse, Einsichten und neuartige Gefühle einstellen. Aber damit bleibt das innerste Wesen des Menschen noch ebenso unentfaltet wie zuvor.

Ruhe

Wenn nun aber all diese Bemühungen und Wege nicht zum innerlich erahnten wesensgemäßen Leben führen – wie soll es dann erkannt und verwirklicht werden?

Dadurch, daß all diese Bemühungen und Wege als unzureichend erkannt und nicht mehr praktiziert werden. Dann erst bekommt nämlich das im Menschen angelegte wahre Selbst eine Chance, immer mehr bewußt und dann auch gelebt zu werden. Zahlreiche Sucher nach dem wesensgemäßen Leben sind nach vielen vergeblichen materiellen, religiösen und esoterischen Versuchen zu dieser Einsicht durchgedrungen oder stehen kurz davor.

Sie ahnen ihre eigentliche Identität und haben durch Erfahrung erkannt, daß sie weder durch materielles noch ideelles und zwischenmenschliches Glück noch durch eine Verbindung mit dem Jenseits, den sogenannten „höheren Gebieten", verwirklicht wird. Sie hören daher auf, nach diesen Zielen, Idealen und Verbesserungen zu streben, und versuchen, innerlich zur Ruhe zu kommen. Denn sie spüren, daß diese Ruhe die Voraussetzung dafür ist, daß sich das wahre Selbst in ihnen bemerkbar macht und entfaltet.

Es handelt sich hier nicht um einen betonten Quietismus, einen Rückzug in die Innerlichkeit, der die Welt sich selbst überläßt, sondern um eine ruhige Betrachtung der Welt, ohne daß Partei für das eine oder andere Ziel ergriffen würde. Menschen, die aufgrund ihrer Lebenserfahrung zu dieser Haltung gelangen, resignieren gerade nicht, sondern investieren jetzt all ihre Energie – so paradox das auch klingen mag – in ein „aufmerksames Warten": einen wachen Zustand, in dem sie einerseits alles, was im Leben geschieht, beobachten und in seinen Zusammenhängen erkennen, andererseits den aus ihrem Inneren aufsteigenden Impulsen des wesensgemäßen Lebens mehr und mehr Raum geben.

Ein solcher Zustand intensiven, bewußten Wachseins und Wartens ist in der Weltgeschichte immer wieder beschrieben worden. Im „Tao Te King" Laotses ist vom „Nicht-Tun" des Weisen die Rede[2]: kein die Hände in den Schoß legen, sondern Preisgabe allen Tuns, welches das wesensgemäße Leben in falscher Richtung sucht. Erst dadurch erhält Tao im Menschen die Chance, sich zu entfalten.

Beim Buddha ist es die Auflösung der Identifizierung des Menschen mit der Welt des Diesseits und des Jenseits: die Erfahrung, daß das wesensgemäße Leben nicht in den Tätigkeiten auf den fünf Ebenen des gewöhnlichen Lebens der Scheinidentität zu finden ist: nicht auf der des Körpers, der der Wahrnehmungen, der Gefühle, der Gedanken und des Ich-Bewußtseins, sei es in den gröberen, sei es in den feineren Gebieten der Welt.[3] Daraufhin stellt der Mensch alle Aktivitäten, mit denen er das wesensgemäße Leben auf diesen Ebenen zu finden hoffte, ein.

In der Kabbala heißt dieses Einstellen aller ichbezogenen Bemühungen um Erlösung oder Erleuchtung „tikkun". Es ist das „Tun umsonst", ein Leben, das niemals auf Belohnung spekuliert.[4]

Sokrates sprach im „Phaidon" vom Philosophen, der aus Liebe zur Weisheit, zum wesensgemäßen Leben, alle Erwartungen an das vergängliche Leben und alle daraus entspringenden Ängste aufgibt und sich ruhig für das Unvergängliche öffnet: Der Philosoph „stirbt" diesen Erwartungen und Befürchtungen nach und gelangt zu einem unvergänglichen Leben.

Jesus erklärte, daß der Mensch sein Leben verlieren müsse um „meinetwillen" – Jesus ist als der Prototyp des Menschen zu sehen, der das wahre Selbst verwirklicht –, dann werde er das Leben behalten. Wer seine Scheinidentität um des wahren

Selbst willen verliert, wird seine eigentliche Identität, das wahre Selbst, behalten.[5]

Die Katharer des Mittelalters bezeichneten diesen Zustand durch die „Endura" – kein Selbstmord, als den man diesen Vorgang mißverstanden hat, sondern die aus Erfahrung geborene Haltung, den Tätigkeiten, die das unvergängliche Leben in der Vergänglichkeit suchen, keine Energie mehr zuzuführen und auf das wesensgemäße Leben, das sich entfalten möchte, zu „warten".

In all diesen Traditionen entzog sich der Mensch den Bewegtheiten des Diesseits und Jenseits, die er bis dahin durch eigenes Streben instandgehalten hatte, und ließ das wesensgemäße Leben, eine andere Kraft und Dimension des Daseins, in sich heranreifen. Reift es heran, so wird auch das vergängliche Leben im Diesseits und Jenseits sich ändern. Entsprechend verhält sich der Schüler der modernen Geistesschule des Rosenkreuzes. So heißt es z. B. in dem Buch „Dei Gloria Intacta": „Dem Schüler wird angeraten, sein Verlangen nicht dieser oder jener Lehre, dieser oder jener Idee zuzuwenden, ... das Verlangen (muß) neutralisiert werden. Nicht so, daß man es zurückdrängt, sondern so, daß man weder Zuneigung noch Abneigung empfindet und alles vollkommen wachsam objektiv betrachtet."[6]

Gemeinschaft

Immer haben sich Menschen, die aufgrund ihrer Lebenserfahrungen zu einer solchen Haltung gelangt waren, in Gemeinschaften zusammengefunden. Zum einen, weil sich Menschen mit ähnlichen Erfahrungen und Voraussetzungen gegenseitig anziehen. Zum andern, weil sie von diesem gemeinsamen Ausgangspunkt aus das wesensgemäße Leben allmählich auch erfahren und verwirklichen wollen. Sie empfinden sich als vor einem neuen Weg stehend, den es zu erkunden und zu gehen gilt.

Das Lectorium Rosicrucianum ist eine solche Gemeinschaft

der Gegenwart. Seine Mitglieder wollen gemeinsam einen Weg erkunden und gehen, der zur Verwirklichung des wesensgemäßen Lebens führt. „Geistesschule" heißt das Lectorium Rosicrucianum, weil dieses wesensgemäße Leben ein Leben in einer spirituellen Dimension ist und aus dieser spirituellen Dimension heraus in die Dimension der vergänglichen Welt hineinwirkt.[7] Und der Weg in diese spirituelle Dimension ist einer Schule vergleichbar: keiner Schule zwar, in der Wissensstoff und Fähigkeiten erlernt und Examina abgelegt werden, aber einer Erfahrungsschule. Durch Erfahrungen mit Einflüssen aus der Welt des unvergänglichen Geistes und Erfahrungen in der vergänglichen Erscheinungswelt lernt der Schüler dieser Schule, seinem wahren Wesen Raum zur Entfaltung zu geben: „Die Schule appelliert an drei Vermögen, die im geheimnisvollen mikrokosmischen System des Menschen wie in einem Todesschlaf schlummern:

> das Vermögen eines neuen Willens,
> das Vermögen einer neuen Weisheit,
> das Vermögen eines neuen Wirkens."[8]

Das vorliegende Buch soll die Entstehung, das Ziel, den Weg, die Organisation und das Erscheinungsbild dieser Geistesschule und ihrer Mitglieder näher beschreiben.

Das Rosenkreuz ist unter anderem das Symbol des Menschen auf dem spirituellen Weg. Am „Kreuz" der Naturpersönlichkeit befindet sich – am Schnittpunkt der Vertikalen mit der Horizontalen – die „Rose des Herzens", der Keim des Geistseelenmenschen. Gegenwärtig ist sie bei den meisten Menschen unentfaltet. Auf dem spirituellen Weg blüht sie auf: Es entsteht ein neues Bewußtsein und Sein, und das Kreuz der alten, sterblichen Persönlichkeit wird transfiguriert zum neuen, goldenen Kreuz der unsterblichen Persönlichkeit.

Prinzipien der universellen Lehre

Einschätzungen von außen

Bei einer oberflächlichen Betrachtung des Lectorium Rosicrucianum von außen können sich Befremden, Unverständnis und Mißverständnis einstellen. Das ist begreiflich, wenn man bedenkt, von welchen Grundprinzipien die Angehörigen dieser Schule ausgehen und welche Ziele im allgemeinen Außenstehende, die eine solche Schule betrachten und beurteilen, haben.

Ein Mensch etwa, der ganz den gesellschaftlichen Konventionen verhaftet ist und daran glaubt, sein Glück durch Reichtum, Erfolg, Macht und Sicherheit finden zu können, muß den Angehörigen einer Geistesschule, der sich bewußt von solchen Bestrebungen löst, zumindest als nicht ganz „up to date" ansehen.

In dieser Perspektive sieht ihn auch eine Psychologie, die nicht über Geburt und Tod hinausdenkt und den Menschen auf ein Bündel von biologischen Voraussetzungen, Trieben, Wünschen und Gedanken reduziert, zwischen denen gewisse Mechanismen spielen. Von diesem Standpunkt aus erscheint ein Mensch, der nach dem wesensgemäßen Leben sucht und es in größeren Zusammenhängen als in der Spanne zwischen Geburt und Tod erahnt, als ein vom Leben Enttäuschter, ein zu kurz Gekommener, der sich mit den Realitäten nicht abfinden kann und seine Defizite kompensieren muß. Sehr häufig ist ja auch tatsächlich eine solche psychische Verfassung der Ausgangspunkt für eine Zuwendung zu Religion und Esoterik, und diese Zuwendung nichts als Flucht vor nicht bewältigten Alltagsproblemen. Dennoch ist im allgemeinen die Frage nach dem wesensgemäßen Leben nicht aus einem derartigen Defizit zu erklären, sondern aus dem Defizit des Lebens in der „Normalität" gegenüber dem im Menschen angelegten Leben aus der Welt des Geistes. Daß sich beide Defizite – das des vom Leben Enttäuschten und das des Menschen, der ein seinem innersten Wesen entsprechendes Leben nicht verwirklicht – häufig decken und gegenseitig verstärken, ist wieder etwas anderes.

Wesentlich komplizierter nimmt sich das Verhältnis des an ein religiöses Glaubenssystem gebundenen Menschen zum Angehörigen einer Geistesschule aus. Denn im Gläubigen ist vielleicht die Frage nach dem wesensgemäßen Leben, aus seinem wahren Selbst in sein Bewußtsein heraufwirkend, noch oder wieder lebendig, während sein Glaube behauptet, er sei schon erlöst oder werde es endgültig im Jenseits sein.

Er empfindet intuitiv, daß der Schüler der Geistesschule von der gleichen Grundfrage ausgeht wie er, aber zu anderen Antworten kommt. Er muß ihn also als Bruder im Geist ernstnehmen, da die innere Ausgangslage dieselbe ist. In der Regel aber versteht er das Ziel des anderen nicht, weil er selbst das Ebenbild Gottes auf den vergänglichen Menschen projiziert und hofft, dieser werde einst im Jenseits ewig leben. Den Weg, den der andere einschlägt, versteht er ebenfalls nicht, weil er sich von seiner Überzeugung unterscheidet. Und ein Verstehen würde schon eine gewisse Lockerung der Glaubensgewißheit, die für ihn lebensentscheidend ist, bedeuten.

Aus solchen Voraussetzungen entstand früher die Klassifizierung des anderen als „Ketzer", der von der „einzig wahren Lehre" abweicht, und die Emotionsgeladenheit dieses Urteils.

Auch der okkult und esoterisch Strebende wird den spirituellen Schüler als Geistesverwandten, der von derselben Frage nach dem wesensgemäßen Leben ausgeht, erkennen. Da er aber seiner eigenen Methode, zu diesem Leben zu finden, mit Energie und Begeisterung folgt, wird er die Haltung des geduldigen Wartens und Unterscheidens, die der Geistesschüler nach vielen Irrwegen an den Tag legt, nicht verstehen können. Auch für ihn ist solch ein Geistesschüler ein armer Tor, nun aber deshalb, weil er an den großen Möglichkeiten der Bewußtseinserweiterung, Mystik oder Magie scheinbar vorbeigeht.

Grunderfahrungen eines Geistesschülers

Es ist schwer, einer Geistesschule wie der des Rosenkreuzes gerecht zu werden. Denn die Erfahrungen ihrer Mitglieder, und damit ihr Weltbild und ihre Maßstäbe, decken sich nicht mit den Weltbildern und Maßstäben der Mehrzahl der Menschen. Und trotzdem können alle Menschen diese Erfahrungen zumindest ahnen, da sie dem allen Menschen gemeinsamen innersten Wesen des Menschen entspringen. Sie werden nur meist überlagert oder nicht zugelassen, weil – zunächst noch – andere Erfahrungen oder Lebensziele interessanter sind, oder weil ungeeignete Wege zum wesensgemäßen Leben eingeschlagen werden. Da die Erfahrungen eines Geistesschülers aber als Möglichkeit in jedem Menschen stecken, ja unausweichlich eines Tages von jedem auch gemacht werden – sie entsprechen der Bestimmung des Menschen –, kann sie jeder Mensch prinzipiell auch begreifen. Er muß nur einmal bereit sein, von seinem eigenen Weltbild und seinen eigenen Idealen wenigstens probeweise Abstand zu nehmen, um die Möglichkeit solcher Erfahrungen zuzulassen.

Göttliche Welt

Die grundsätzliche Erfahrung eines Geistesschülers ist: Es gibt ein dem Menschen wesensgemäßes Leben, das in der Entfaltung seiner innersten, tiefsten Anlagen besteht. Diese Anlagen sind geistiger Art.

Der Begriff „geistig" ist erklärungsbedürftig. Gemeint sind hier nicht intellektuelle Fähigkeiten oder Gedankenbilder und

-formen, sondern unzerstörbare schöpferische „Kraftlinien", die in ihrer Gesamtheit die ewige, göttliche Welt bilden. Es sind Strukturen, „Informationen", die zugleich sich entfaltende Energien darstellen und in ständiger Aktivität begriffen sind, ähnlich einem elektromagnetischen Feld. Sie sind die allem Sein zugrundeliegenden letzten Ursachen, Information, Kraft und Bewußtsein zugleich, oder auch, um mit dem Prolog des Johannesevangeliums zu sprechen, Wort, Leben und Licht. Diese schöpferischen, unzerstörbaren Kraftlinien sind es, die hier „geistig" genannt werden, und es ist deutlich, daß sie sich von den gewöhnlichen Gedankenformen des Menschen unterscheiden, obwohl der Mensch sie, unter bestimmten Voraussetzungen, gedanklich fassen kann.

Es besteht aber eine Analogie zwischen den menschlichen Gedankenformen und diesen geistigen Kraftlinien insofern, als beide schöpferische, lebendige und bewußte Strukturen sind. Die Bezeichnung „Wort" (Logos), „Leben" und „Licht" für diese Strukturen ist möglich, weil auch das gewöhnliche menschliche Wort eine Information, eine Kraft und einen Bewußtseinsaspekt darstellt. Aber das gewöhnliche menschliche Wort ist nur eine Analogie zum göttlichen Wort und etwas weit Schwächeres. Das göttliche „Wort", „Leben" und „Licht" als Gesamtheit der geistigen Kraftlinien der Welt schaffen die Welt, schaffen sie noch fortwährend, entwickeln sie, erhalten sie und drängen sie zum Bewußtsein

Auch das innerste Wesen des Menschen ist eine solche „schöpferische Kraftlinie", nur daß dieses wahre geistige Wesen des Menschen derzeit latent ist. Mit ihm steht er innerlich in Verbindung mit ähnlichen Strukturen anderer Menschen, mit der göttlichen Welt und den unzähligen Wesen und Hierarchien darin.

In der Geistesschule des Rosenkreuzes wird die ursprüngliche geistige Welt auch „göttliche Naturordnung" oder „Übernatur" genannt. Die Bibel spricht in diesem Zusammenhang vom „Reich Gottes", Lao tse vom „Tao", im Buddhismus entspricht der geistigen Welt das „Nirwana", in der Kabbala das „En Sof", bei Plato die Welt der „Ideen".

Der Geist als Wort, Leben und Licht drückt sich in und durch die sogenannte „Ursubstanz" aus, die Materie-Energie in unterschiedlichen Dichtegraden. Auf diese Weise entstanden vor der uns bekannten Erscheinungswelt energetisch-materielle Welten, die reine Widerspiegelung des göttlichen „Wortes" sind. Aber auch bei einer völligen Übereinstimmung zwischen „Geist" und „Materie", zwischen Sein und Erscheinung, ist die Ursubstanz im Vergleich zum schöpferischen Geist Schale im Vergleich zum Kern, Äußeres im Vergleich zum Inneren, Schatten im Vergleich zum Licht. Die Ursubstanz, die Energie-Materie ist zwar ewig wie der Geist, notwendig zum Selbstausdruck des Geistes – und dennoch vom Geist geschaffen und von ihm abhängig, nicht umgekehrt.

Ungöttliche Welt

Es gibt aber Welten, die kein genauer Ausdruck der Kraftlinien des Geistes, des „Weltenwortes", sind. Die materielle Welt, in der wir leben, ist zum Beispiel eine solche Welt, die den Entfaltungsprozeß des „Wortes" nicht rein widerspiegelt, ja sogar einen Gegensatz zu ihm bildet.

Wie ist so etwas möglich? Weil die schöpferischen Kraftlinien des Geistes immer neue Kraftlinien aus sich erzeugen. Der göttliche Geist selbst ist unantastbar und folgt nur seinem eigenen Wesen. Er erzeugt aber „Geschöpfe", „Lebenswellen", wie die Esoterik sie nennt, so wie ein ins Wasser geworfener Stein konzentrische Wellenringe erzeugt, die sich immer weiter vom Ursprung entfernen. Auch die Geschöpfe sind schöpferisch. Doch sie können sich, wegen ihrer schöpferischen Freiheit, von ihrem Ursprung „ablösen" und in Bezogenheit auf sich selbst eigene Wege gehen. Eine dieser Lebenswellen ist die menschliche Lebenswelle. Ein Teil von ihr entwickelt sich im Einklang mit der Welt des ursprünglichen Geistes. Ein anderer Teil hat sich vom Ursprung getrennt. Es ist unsere Menschheit.

Die Menschen unserer Welt, im Prinzip geistige Wesen, leben zwar aus der geistigen Welt – denn aus ihr sind sie als „Geschöpfe" entstanden –, doch biegen sie die Impulse aus der geistigen Welt immer um und verfälschen sie. Sie haben sich gegenüber den Gesetzen der geistigen Welt zunehmend verselbständigt, und weil sie nicht mehr damit übereinstimmen, das Bewußtsein von ihnen verloren. Daraus ergibt sich eine energetisch-feinmaterielle Welt – das Jenseits –, und eine grobmaterielle Welt – das Diesseits –, die kein reiner Ausdruck der Gesetze der geistigen Welt sind, sondern die Ichbezogenheit der menschlichen Lebenswelle und die dadurch erfolgte Verzerrung der ursprünglichen geistigen Welt widerspiegeln.

Jedem Menschen liegt eine schöpferische geistige Kraftlinie zugrunde, auch jeder Tier- und Pflanzenart. Die sogenannten Naturgesetze sind ebenfalls solche Strukturen, die die Entfaltung der Natur und ihrer Erscheinungen regeln und vorantreiben. Da sie aber die geistige Welt nicht rein, sondern „gebrochen" durch das Prinzip der Selbstbehauptung, widerspiegeln, sind die von ihnen erzeugten Ausdrucksformen sterblich. Würden sie den Entfaltungsprozeß des göttlichen „Wortes" rein widerspiegeln, so würde sich ein ununterbrochener Werdestrom zeigen. Niemals würde sich die Ursubstanz zu sehr verdichten, niemals würde sich ein Wesen zu sehr in sich verfestigen und erstarren, und niemals würde es zu einer abrupten Auflösung des Erstarrten, zum „Tod", kommen.

Aber die Entfaltungsprozesse der schöpferischen Geistwesen werden durch deren Ichbezogenheit verlangsamt. Dadurch wird die Energiesubstanz, in der sie sich ausdrücken, immer dichter, und auch ihre Erscheinungsformen werden immer dichter und starrer. Der ursprüngliche Geist kann sie nicht mehr gebrauchen und zieht sich aus ihnen zurück. Das ist der Tod. Alle Formen des Jenseits und Diesseits: Minerale, Pflanzen, Tiere, Menschen, Planeten und Sonnen sind sterblich.

Damit sich aber die menschlichen Geistwesen weiter entfalten und Erfahrungen machen können, müssen immer wieder neue Formen für sie gebildet werden. Im Diesseits entstehen solche Formen durch Zeugung und Empfängnis. Im Jenseits werden feinstoffliche Formen für die Geistwesen entsprechend den Erfahrungen, die sie in früheren Leben gemacht haben, aufgebaut. Diese feinstofflichen Formen treten in die diesseitigen Formen, die durch Zeugung entstandenen Körper, wie in für sie passende Gefäße ein und beleben sie. Das geschieht vor und bei der Geburt. Beim Tod, der Auflösung der grobstofflichen Form, treten sie aus diesem „Gefäß" wieder aus, um dann im Jenseits selbst zu sterben. So entsteht ein ständiger Wechsel zwischen Geburt und Tod, Tod und Geburt, eine Wanderung des menschlichen Geistwesens durch Diesseits und Jenseits, woraus sich die Kette der Wiederverkörperungen, der Reinkarnationen, ergibt.

Durch die Selbstbehauptung der Wesen im Jenseits und Diesseits ergeben sich überdies Gegensätze zwischen ihnen. Denn das Interesse des einen Wesens ist nicht das des anderen. Würden sie ohne Selbstbehauptung rein aus den göttlichen Gesetzen leben, würde unverbrüchliche Harmonie unter den Wesen herrschen. So aber steht ein Interesse gegen das andere, und ständige Konflikte sind die Folge.

Diesseits und Jenseits bilden also zusammen die ungöttliche Welt, die in Selbstbehauptung der göttlichen Welt gegenübersteht. Es ist eine „dialektische" Welt, von einander dauernd bekämpfenden Gegensätzen erfüllt und dadurch dauernd in Bewegung gehalten. Veränderlichkeit, Gegensätzlichkeit und das Gesetz des Wechsels zwischen Geburt und Tod, Tod und Geburt, sind ihre Kennzeichen. „So (manifestiert) sich die Menschheit in einem dialektischen Lebensfeld, und zwar sowohl an dieser, wie an jener Seite des Todesschleiers.

Diese Dialektik bringt es mit sich, daß die beiden Lebenspole fortwährend auswechselbar sind, daß alle Dinge, alle Werte, alle Zustände sich in ihr Gegenteil verwandeln. Tag wird Nacht – Licht wird Finsternis – Gut wird Böse – usw. Es gibt keine statischen Werte in unserem Lebensfeld." [9]

Das Jenseits – die „Spiegelsphäre"

Zum Jenseits gehören erstens die unsichtbaren, feinstofflichen Formen, in denen sich die geistigen Kraftlinienstrukturen, gebrochen durch Ichbezogenheit, ausdrücken. Die feinstofflichen Formen sind die Ursachen der sichtbaren, grobstofflichen Formen.

Zum Jenseits gehört zweitens das „Karma" oder Schicksal. Die in Ichbezogenheit von den ursprünglichen Geistgesetzen abweichenden menschlichen Geistwesen werden immer wieder, sei es durch „Schicksalsschläge", sei es durch den Tod, von den Geistgesetzen korrigiert. Das Insgesamt dieser Korrekturen heißt Karma oder Schicksal. Es ist nichts anderes als die Reaktion der ursprünglichen geistigen Welt auf die Abweichungen der menschlichen Geistwesen von den Gesetzen der Übernatur.

Das Karma wirkt sich so aus, daß auf lange Sicht der Mensch durch Erfahrung lernt, worin seine Abweichungen vom Geistgesetz bestehen und was sie für Folgen haben. So wird er einst auch lernen, sich doch wieder im Einklang mit dem ursprünglichen Geist zu entfalten. Dann wird er sich des Geistes wieder bewußt werden und dem Gesetz der Reinkarnationen nicht mehr unterstehen.

Alle grobstofflichen Äußerungen der sich im Diesseits ausdrückenden Wesen haben auch eine feinstoffliche Seite und spiegeln sich in den feinstofflichen Gebieten. Aus diesem Grund bezeichnet die Geistesschule des Rosenkreuzes das Jenseits auch als „Spiegelsphäre". Gedanken, Gefühle, Willensimpulse und Handlungen des Menschen haben eine feinstoffliche Komponente und gehören damit zur Spiegelsphäre. Sie erschöpfen sich überdies nicht im Augenblick ihres Vollzugs, sondern wirken verwandelt, als Elemente der Spiegelsphäre, weiter. Alle in den Jahrtausenden der Menschheitsgeschichte gedachten Gedanken, gefühlten Empfindungen, gelebten Willensimpulse und ausgeführten Handlungen sind als Bestandteile des Jenseits weiter wirksam.

Da der Tod nur die Trennung der zu einem Menschen gehörenden feineren Teile – Gedanken, Gefühle und Energien – von seinem grobstofflichen Körper ist, gehören auch die Toten als die vom materiellen Körper getrennten Gedanken, Gefühle und Energien des Menschen zur Spiegelsphäre, bis sie sich als Formen dort ihrerseits aufgelöst haben.

Die Tatsache, daß die feinstofflichen Formen des Jenseits unsichtbar, „übersinnlich", sind, hat dazu geführt, daß die Spiegelsphäre in der esoterischen Literatur häufig als „höhere Welten", ja auch als „geistige Welten" bezeichnet wurde und wird. Doch wird nach dem Vorausgegangenem klar sein, daß diese „höheren" Welten keineswegs identisch mit der ursprünglichen Welt des unvergänglichen Geistes sind.

Mikrokosmos

Der Mensch wird in der Geistesschule des Rosenkreuzes als „Mikrokosmos" bezeichnet. Das ist ein Begriff und eine Wahrheit mit langer Tradition. Der Makrokosmos als Gesamtheit der zwei Naturordnungen: ursprünglicher göttlicher Natur und ungöttlicher Natur mit Jenseits und Diesseits, drückt sich im Menschen als Mikrokosmos aus. Als Schöpfung Gottes, der höchsten geistigen Ebene, ist der Mensch im Prinzip eine schöpferische Kraftlinie, ein Gedanke des göttlichen Denkens, ein „Ebenbild" Gottes.

Als im Zuge der Evolution aus der Welt der sich selbst behauptenden Materie hervorgegangenes biologisches Wesen ist er ein Körper mit Gefühlen, Willensstrebungen und Gedanken, eine ichbezogene Persönlichkeit des Diesseits. Und als Ort der Wirksamkeit des Karmas und der feinstofflichen mentalen und emotionalen Kollektivschöpfungen der Menschheit ist er ein

Brennpunkt des Jenseits, so wie er umgekehrt die „Spiegelsphäre" durch sein Verhalten instandhält und vergrößert.

Ein vollkommener Mikrokosmos Mensch ist ein Geistwesen, das im Einklang mit seinem Ursprungsgebiet, der Welt des Geistes, lebt, sich deren Kraftlinien bewußt ist und sie ohne Verzerrung durch Ichzentralität entfaltet. Sein Körper, seine Persönlichkeit, ist reiner Ausdruck des Geistes, ebenso seine feinstoffliche Lebensessenz, die Seele. Ein Karma gibt es für ihn nicht, er ist dem Tod nicht unterworfen. Die gegenwärtigen Menschen aber sind Mikrokosmen, die aus einem gestörten Verhältnis zwischen Geist und Materie entstanden sind, ja selbst immer weiter zur Aufrechterhaltung dieser Störung beitragen. Die Geister dieser Menschheit haben sich gegenüber der Welt des Geistes verselbständigt, und ihre Erscheinungsformen – Seele und Körper – geben dieser Verselbständigung Ausdruck.

Dadurch aber machen sie die schöpferischen Kräfte des Geistes im Mikrokosmos unwirksam. Die ungöttliche Naturordnung des Jenseits und des Diesseits, im Mikrokosmos als ichbezogene Seele und Persönlichkeit wirksam, dominiert über die göttliche Naturordnung. Diese ist jetzt nur noch als latente, unbewußte geistige Formel im Mikrokosmos vorhanden, die sich wegen der Überlagerung durch ichbezogene Seele und Persönlichkeit nicht mehr oder nur noch sehr verzerrt verwirklichen kann. Es ist, wie wenn der Same einer Pflanze, in dem die schöpferische Information der ganzen Pflanze steckt, am Wachstum gehindert würde und nur noch die Karikatur dieser Pflanze hervorbrächte.

Aufhebung einer Störung

Dennoch wirkt die ursprüngliche geistige Welt auf eine Aufhebung dieser Störung in Diesseits und Jenseits hin. Im Mikrokosmos zeigt sich diese Tendenz als Sehnsucht der Seele, wieder aus dem Geist zu leben, ihre Ichbezogenheit aufzugeben und die Persönlichkeit zum reinen Instrument des Geistes werden zu lassen. Denn alle Kraft im Universum geht letztlich vom ursprünglichen Geist und seinen schöpferischen Strukturen aus. Auch ichbezogene Wesen werden von diesem Geist erhalten und erfahren dadurch stets eine Tendenz zur Beseitigung der Ichbezogenheit. Mögen die Ichbezogenheit, die dadurch bedingte Trägheit der Materie und die Verzerrung des Erscheinungsbildes des Geistes noch so groß sein – am Ende müssen und werden sich die Kraftlinien des Geistes entfalten. Göttliches Wort, Leben und Licht werden im Menschen erfahren werden und zu voller Wirksamkeit gelangen.

Außerdem erfährt die ichbezogene Seele durch die Zeiten hin immer wieder die karmischen Folgen ihrer Ichbezogenheit: Tod und Leid. Dadurch wird sie allmählich, freiwillig oder gezwungen, lernen, daß ihre Ichbezogenheit das große Hindernis für die Entfaltung des Geistes und die Ursache für Tod und Leid ist. Sie wird dann, freiwillig oder gezwungen, diese Ichbezogenheit allmählich aufgeben.

Verstärkt wird diese Tendenz im All durch all die Wesen, die noch oder wieder im richtigen Verhältnis zwischen Geist, Seele und Körper leben, also Wesen, die sich entweder von Anfang an ohne Ichbezogenheit in harmonischer Einheit mit den ihnen zugrundeliegenden geistigen Kraftlinienstrukturen entfaltet haben, oder Wesen, die das gestörte Verhältnis der beiden Naturordnungen in ihrem Mikrokosmos auf einem langen Weg zurück wieder berichtigt haben. In der Geistesschule des Rosenkreuzes heißt die Gesamtheit dieser Wesen unter anderem „Bruderschaft des Lebens", oder auch „die Hierophantale Geistesschule, die Mysterienschule der Christus-Hierophanten, die Innere Kirche, der Orden Melchisedeks, der Orden des Rosenkreuzes." [10]

Die grundsätzliche Aufgabe der Menschheit und des Menschen ist, das gestörte Verhältnis der beiden Naturordnungen im Mikrokosmos wieder in Ordnung zu bringen. Denn in diese Richtung geht die Entwicklungstendenz im Kosmos, in der

Menschheit und im Menschen. In unserer Menschheit dominieren ichbezogene Seele und Persönlichkeit im Mikrokosmos. Beides hält der Mensch für seine Identität. In Wirklichkeit aber liegt seine Identität in den Kraftlinien des Geistes, die in ihm als Potential, wie ein Same, auf Entfaltung warten. Sie werden nur durch ichbezogene Seele und Persönlichkeit daran gehindert.

Das Verhältnis muß nun umgekehrt werden: Der geistige Kern im Menschen muß sich entfalten, die Seele von ihrer Ichbezogenheit reinigen und dadurch eine Persönlichkeit aufbauen, die den geistigen Kraftlinien wieder ungehindert Ausdruck gibt. Dann wäre die eigentliche Ordnung des Mikrokosmos wiederhergestellt. Dann hätte der Mensch das Gefühl, im Einklang mit sich selbst und seinem tiefsten Wesen zu sein. Dann hätte er wieder Anschluß an seine Bestimmung gefunden – den Geist im All bewußt zu empfangen: durch eine von Ichbezogenheit freie Seele, und auszudrücken: durch einen von Trägheit freien Körper.

Dieser Zustand ist das Ergebnis der „Transfiguration": „Transfiguration ist eine gnostische Methode zum Vollbringen des Endura, das ist das vollkommene Ersetzen des sterblichen, abgetrennten, erdgebundenen Menschen durch den ursprünglichen, unsterblichen, göttlichen Menschen, den wahren Geistmenschen, dem göttlichen Schöpfungsplane gemäß."[11] Dieser Geistmensch ist mit Seele und Körper unsterblich, frei vom Gesetz der Wiederverkörperung.

Berechtigung einer Geistesschule

In dieser Notwendigkeit, die Ordnung im menschlichen Mikrokosmos wiederherzustellen, liegt die Berechtigung aller Geistesschulen der Menschheitsgeschichte und damit auch der modernen Geistesschule des Rosenkreuzes. Geistesschulen sind Ausdruck der Tendenz des Geistes im All, die Ichbezogenheit der Seele und die Trägheit des Körpers zu überwinden. Sie sind Verstärkungen dieser Tendenz und wirken in diesem

Sinn in der Menschheit. Sie ziehen alle Menschen an, die dieser Tendenz im eigenen Mikrokosmos Rechnung tragen wollen. Die Kraftlinienstruktur des Geistes, die dem Mikrokosmos solcher Menschen zugrundeliegt, will nicht länger auf Entfaltung warten, drängt mit Macht zur Wirksamkeit und läuft gegen die Ichbezogenheit der Seele und Trägheit des Körpers Sturm, wie ein Keim, der endlich durch die harte Kruste des Erdbodens brechen möchte. Dieses Drängen des Geistkerns äußert sich dann im Menschen bewußt als Sehnsucht nach Verwirklichung seiner eigentlichen Identität. Ein solcher Mensch hat durch Leid und Tod in vielen Leben gelernt, daß Leid und Tod die Folgen der Ichbezogenheit sind und diese der Entfaltung seiner wahren Identität im Wege steht.

Da Geistesschulen Ausdruck der Tendenz des Geistes im All sind, die Ichbezogenheit der Seele und die Trägheit des Körpers zu überwinden, befinden sie sich im Einklang mit den Kraftlinienstrukturen des Geistes, dem „Geistgesetz", und beziehen ihre Kraft aus ihnen. „Der neue Wille wird von der Geistesschule im Schüler mittels des Geistgesetzes entwickelt, die neue Weisheit durch die Philosophie des Geistgesetzes, und das neue Wirken durch die Anwendung des Geistgesetzes... Das Geistgesetz kann auch gedeutet werden als: Gott, von dem wir abgetrennt sind, die Philosophie des Geistgesetzes als: Christus, der in unendlicher Liebe von Gott ausgeht, um uns zu retten, der sich um unsertwillen zum Gefallenen niederbeugt und sich dazu dem Stoff gefangen gibt, die Anwendung des Geistgesetzes als: der Heilige Geist, der den ganzen Wiedergeburtsprozeß anwendet, ausführt und durchsetzt."[12]

Geistesschulen können daher auch auf die Kräfte all jener Wesen zählen, die sich im Einklang mit diesen schöpferischen Kraftlinienstrukturen befinden und auf eine Beseitigung der Störung im All hinwirken: auf die „Bruderschaft des Lebens". Auch können ihre Gründer und Erhalter nur Menschen sein, die sich in bewußtem Einklang mit diesen Kräftestrukturen bewegen.

Entwicklung der Menschheit

Die Geistesschule des Rosenkreuzes sieht die Entwicklung der ganzen Menschheit in dieser Perspektive. Die Menschen stammen als „Ebenbilder" Gottes aus der ursprünglichen Geistwelt. Die Menschheit lebt jetzt aber aufgrund eines Fehlverhaltens vieler Ebenbilder Gottes in der „dialektischen", von Gegensätzen bestimmten Welt, die nicht mehr im Einklang mit der göttlichen Welt des Geistes steht. In dieser Menschheit ist das kosmische Verhältnis zwischen göttlicher Welt einerseits, Diesseits und Jenseits andererseits gestört.

Da aber die Kraftlinien des Geistes diese Störung beseitigen wollen, wird eines Tages in der ganzen Menschheit diese Störung beseitigt und die Harmonie wiederhergestellt sein. „Unser göttlicher und sehr erleuchteter Vater, Bruder Christian Rosenkreuz, hat viel und langwährend gearbeitet, um eine allgemeine Reformation zustande zu bringen; in seinem Dienst sind zu allen Zeiten die Brüder in derselben Absicht ausgegangen, nämlich für die Gründung einer Weltordnung, die nicht von dieser Welt ist. Eine Weltordnung, von der Jesus Christus zeugt: ‚Wahrlich, wahrlich, ich sage dir, es sei denn, daß jemand von neuem geboren werde, so kann er das Reich Gottes nicht sehen.'" [13]

Geistesschulen sind die Repräsentanten dieser Tendenz auf der Ebene der Materie. Sie sind Menschen behilflich, den Prozeß der Beseitigung der Störung und Wiederherstellung der Harmonie durchzuführen. Alle Menschen der gegenwärtigen Menschheit leben in Ichbezogenheit der Seele und Trägheit des Körpers und erleben die Folgen dieser Disharmonie zum Allgesetz in Form von Leid und Tod. Viele ziehen noch keine Konsequenzen aus ihren Erfahrungen und werden weiter unter ihnen leiden müssen. Manche werden wach, empfinden die Tendenz des Geistkerns im eigenen Wesen und versuchen, darauf zu reagieren. Zahlreiche Reaktionen, die nicht zum Ziel führen, treten auf. Einzelne erkennen, daß nur eine Reaktion, die Ichbezogenheit und Trägheit zugunsten der Tendenz im

Geistkern des Mikrokosmos aufgibt, zur Erfahrung des Einklangs mit dem Geist führt. Und einst werden alle Menschen die richtigen Schritte zur Verwirklichung ihrer eigentlichen Lebensaufgabe tun.

Adler im Garten des holländischen Konferenzortes „Renova". Der Adler ist das Symbol für den männlichen Aspekt des Geistes: schöpferische Kraft, die alles durchschaut und erneuert.

Entstehung der Geistesschule

Jene, die vom Licht geleitet werden, kennen den Christus. Sie können sich nicht mehr verirren, denn die Ewigkeit lebt in ihnen. (Z. W. Leene)

Voraussetzungen

Da es die Aufgabe von Geistesschulen ist, in der Menschheitsentwicklung neue Akzente zu setzen und Impulse zu geben, ist ihre Entstehung nur im Zusammenhang mit der Menschheitsentwicklung zu erklären. Einerseits sind Geistesschulen Instrumente der Tendenz des Geistes im All, den Geist in allen dem Diesseits und Jenseits verhafteten Menschen zur Entfaltung zu führen – und alle Wesen der ursprünglichen geistigen Welt, die aus den Geistgesetzen und -kräften heraus leben, sind auf die eine oder andere Weise an dieser Tendenz aktiv beteiligt, tragen also zur Entstehung von Geistesschulen bei. Andererseits muß in der Menschheit die Sehnsucht nach der Entfaltung des Geistes, des wahren Wesens des Menschen, eine gewisse Stärke erreicht haben, bevor ein Impuls aus der Geistwelt heraus erfolgen kann.

Es ist wie bei einem Gewitter: In der Atmosphäre ballt sich Elektrizität zusammen – das wäre zu vergleichen mit der drängenden Tendenz in der Geistwelt –, während die Erde, als der Gegenpol, nach dieser Elektrizität gleichsam Ausschau hält –, das wäre die Sehnsucht der Menschen nach Entfaltung ihres wahren Wesens.

Der Aufbau eines solchen Spannungsfeldes vollzieht sich nicht von ungefähr, sondern rhythmisch in bestimmten Zeitabläufen. Wie die biologische Entwicklung eines Menschen bestimmten Gesetzmäßigkeiten folgt, so folgen auch der Kosmos und das Geistfeld im Kosmos bestimmten Entfaltungsmustern. Die Entfaltung des Geistes der Menschheit muß sich, da er mit dem kosmischen Geistfeld verbunden ist, an der Entfaltung des kosmischen Geistfeldes orientieren und darauf reagieren.

Das kann von Seiten der Menschheit harmonisch und freiwillig, aber auch chaotisch geschehen. Es ist wie in den aufeinander folgenden Klassen einer Schule: Ein bestimmter „Lehrplan" wird durchgeführt, und die Schüler werden unausweichlich damit konfrontiert. Sie können lernen und verstehen und dadurch in Harmonie mit dem Lehrplan fortschreiten. Sie können aber auch mißverstehen oder gar opponieren, wodurch das Gehörte in ihnen nur Chaos anrichtet.

Der „Lehrplan" des kosmischen Geistes ist dessen eigene Struktur. Sie kann mit den Symbolen der Tierkreiszeichen bezeichnet werden. Die Tierkreiszeichen, etwa Stier, Widder, Fische, Wassermann, bezeichnen bestimmte Aspekte der ursprünglichen geistigen Welt, die der Reihe nach wirksam werden.

Diese Aspekte projizieren sich aber auch ins Jenseits und werden dort zu „sekundären" Kraftlinienstrukturen. Sie sind es, die in der Esoterik gemeinhin als Tierkreis bezeichnet werden. Es gibt also einen Tierkreis der primären, geistigen Welt, und einen sekundären, projizierten Tierkreis der feinstofflichen Welten. Dieser stellt eine Verzerrung der ursprünglichen Eigenschaften des geistigen Tierkreises dar.

Wenn hier von Einflüssen des „Lehrplans" der geistigen Welt gesprochen wird, so sind die Einflüsse des primären Tierkreises gemeint, die auf die latenten Geistkerne der Menschen einwirken, um sie zu einer Reaktion zu veranlassen. Immer wenn sich ein Aspekt der ursprünglichen Geistwelt zurückzieht und dem nächsten Platz macht, entwickelt sich eine besondere Spannung, eine „Gewittersituation" zwischen der geistigen Welt „oben" und der Menschheit „unten". Ein neuer geistiger Impuls drängt zur Verwirklichung, während das wahre geistige Wesen in den Menschen von diesem Drängen berührt wird und darauf antworten möchte.

Jahrhundertwende

Eine sehr einschneidende „Gewittersituation" dieser Art entwickelte sich in den Jahrzehnten um die Wende vom 19. zum 20. Jahrhundert. Der Materialismus hatte im 19. Jahrhundert seinen Höhepunkt erreicht – als Gegenreaktion war in vielen Menschen, ob bewußt oder unbewußt, die Sehnsucht nach der geistigen Welt gewachsen. Die Empfänglichkeit für Impulse aus der göttlichen Naturordnung auf der Erde war gegeben. Andererseits trat ein neuer Aspekt der göttlichen Naturordnung in den Vordergrund: der „Aquarius"-Aspekt. Die Atmosphäre war wie mit einem „Lehrplan" geladen. Die Struktur der Welt des Geistes, ihre Gesetze, Eigenschaften und Kräfte wollten im Menschen bewußt werden. Diese Bewußtwerdung ist Kennzeichen des Aquarius-Aspektes des geistigen Tierkreises.

Der von Rupert Sheldrake geprägte Begriff des „morphogenetischen Feldes"[14] kann diesen Sachverhalt verdeutlichen. Ein morphogenetisches Feld ist ein aus mentalen, emotionalen oder energetischen Elementen aufgebautes strukturiertes Feld, das auf alle dafür Empfänglichen so wirkt, daß diese Inhalte in ihnen bewußt oder zumindest aktiv werden. Die morphogenetischen Felder Sheldrakes sind nichts anderes als Strukturen der feinstofflichen Welt. Man kann diesen Begriff aber auch analog auf die Kraftlinienstrukturen des Geistes anwenden. Dann wirkte in der Atmosphäre in den Jahrzehnten um die Jahrhundertwende ein solches morphogenetisches Feld des Geistes: „Aquarius"-Impulse aus der ursprünglichen geistigen Welt warteten darauf, in der Menschheit umgesetzt zu werden. Die ursprüngliche geistige Welt sollte in der Menschheit bewußt werden.

Aus diesem Feld trafen nun wie Blitze aus einem Gewitter Impulse auf dafür empfängliche Menschen und wurden von diesen verarbeitet: je nach Bewußtseinsklarheit und seelischer und körperlicher Voraussetzung unterschiedlich rein oder in unterschiedlicher Ausprägung. Man kennt ähnliche Phänomene auch sonst im Gedanken- und Gefühlsbereich, etwa wenn ein- und dieselbe Erfindung unabhängig von mehreren Menschen gleichzeitig gemacht wird. Sie „liegt dann in der Luft", überall ist der Boden vorbereitet und Empfänglichkeit gegeben, und das „morphogenetische Feld" dieser Erfindung entlädt sich in Form verschiedener Blitze an verschiedenen Stellen, die Polarität dazu haben. C.G. Jung sprach in diesem Zusammenhang von „Synchronizität".

Die bewegte Zeit um die Wende vom 19. zum 20. Jahrhundert gibt Zeugnis von dieser geistigen Gewittersituation und ihrer Entladung. Auf der einen Seite, unten, das Gefühl, alles Alte habe sich überlebt und sei erstarrt, es müsse ein „neuer Mensch" und eine neue Gesellschaft kommen – also Aufbruchsstimmung überall. Auf der anderen Seite, oben, das „morphogenetische Feld" des Geistes mit Inhalten, die der Sehnsucht unten Nahrung geben konnten. Ein neu wirksam werdender Aspekt der geistigen Welt – Aquarius – forderte eine darauf bezogene Reaktion der im Menschen angelegten geistigen Struktur.

Wenn ein Blitz aus der geistigen Atmosphäre einen dafür empfänglichen Menschen trifft, so wird erst einmal das starre Seelen-Gehäuse, das Denk-, Fühl- und Handlungsgewohnheiten um den Geistkern dieses Menschen errichtet haben und das man sein Ich nennt, ins Wanken gebracht. Das persönliche Ich, das ichbezogene Bewußtsein, die dem Jenseits und Diesseits verhaftete Seele also, wird aufgebrochen. Und es strömen nun ins Bewußtsein dieses Menschen nicht nur die geistigen Impulse ein, sondern auch die sie verzerrt widerspiegelnden Impulse aus dem Jenseits. Er projiziert vielleicht diese Impulse nach außen und erwartet von einer Veränderung der sozialen, ökonomischen und politischen Verhältnisse die Erfüllung seiner Sehnsüchte. So entstehen zahlreiche Ideologien in Gesellschaft, Politik und Wirtschaft. Werden aber diese Impulse tatsächlich als Aufforderung gewertet, das eigene Innere zu verändern, so gibt es immer noch zahllose Möglichkeiten, die Impulse aus dem Jenseits mit denen aus der ursprünglichen geistigen Welt zu verwechseln, und es kann zu einem langen inneren Kampf kommen, bis eindeutige Klarheit geschaffen ist.

Alle, die auf die „Gewittersituation" reagieren, ringen daher zunächst bewußt oder unbewußt um Klarheit. Die Einflüsse aus der Welt des Geistes, die über Diesseits und Jenseits hinausführen, möchten rein verwirklicht werden. Aber stets schieben sich Einflüsse aus dem Jenseits in den Vordergrund, die den Menschen vielleicht unter der Vorspiegelung, es seien geistige Einflüsse, in ihren Bann ziehen wollen.

Welche Reaktionen möglich sind und wie ein Klärungsprozeß, an dessen Ende sich die Impulse aus der geistigen Welt rein manifestieren, aussieht, sei anhand einer Reihe von Reaktionen dargestellt, die die Moderne geprägt haben und immer noch prägen.

Psychoanalyse

Eine sehr starke Reaktion auf die geistige „Gewittersituation" war die Psychoanalyse. An diesem Phänomen läßt sich gut erkennen, daß der Zustand des Menschen, der solche geistigen „Blitze" empfängt, darüber entscheidet, wie sie umgesetzt werden. Eine adäquate Umsetzung geschieht nur, wenn der Mensch ein Bewußtsein und geistige „Organe" entwickelt, die dem Feld des Geistes adäquat sind. Er wird dann ein „Weltbild" ausformen, das diesem Feld des Geistes entspricht.

Sigmund Freud

Ein Mensch kann aber auch empfänglich für die Impulse aus der geistigen Welt und dem Jenseits sein und dennoch auf seinem alten materialistischen Weltbild beharren. Dann wird er die geistigen Impulse, wenn er sie nicht überhaupt aussperrt und verdrängt, und die Strukturen des Jenseits im Rahmen seines materialistischen Weltbildes zu beschreiben suchen. Sigmund Freud ist ein Beispiel für diese Haltung.

So deutlich und richtig er manche psychologischen Mechanismen beschrieben haben mag – ihre Interpretation, Einordnung ins gesamte Seelengeschehen und die sich daraus ergebenden therapeutischen Zielsetzungen bleiben dennoch unbefriedigend, wenn der größere, eigengesetzliche Rahmen des in die Seele hineinwirkenden Jenseits und erst recht die alles umfassende Welt des Geistes nicht berücksichtigt werden. Bei nach der Freudschen Methode behandelten Patienten entsteht so ein Bewußtwerdungsprozeß, der die Karikatur eines spirituellen Erkenntnisweges ist: Neben rein diesseitigen psychologischen Mechanismen werden Wirkungen des Jenseits in der Seele bewußt, die jedoch nicht als solche erkannt werden und deshalb nicht adäquat verarbeitet werden können.

Vor allem werden dann die Impulse, die aus der Welt des Geistes auf die Seele einwirken, nicht zugelassen oder als Reaktionen des Menschen auf Enttäuschungen im Diesseits weginterpretiert. In Wirklichkeit entstehen jedoch die entscheidenden Seelenkonflikte daraus, daß die Seele nicht auf ihre Bestimmung, im Einklang mit der geistigen Welt zu leben, antwortet oder antworten kann. Es käme darauf an, daß sie ein Bewußtsein entwickelt, das die in ihr wirkenden spirituellen Kräfte wahrnimmt und umsetzt. Dann wird sie allmählich ihre Bestimmung erfüllen und frei und ganz sein. Wer die innerste Sehnsucht der Seele nach einem Leben im Geist leugnet und ihr keinen Weg zur Erfüllung dieser Sehnsucht zeigt, ja das Seelenleben ausdrücklich aufs Diesseits beschränkt, zerstört, statt zu heilen.

C. G. Jung

C. G. Jung versuchte demgegenüber, auch tieferliegende Seelenschichten als nur die materiell-biologischen in Theorie und Therapie miteinzubeziehen und auch den Wirkungen jenseitiger und spiritueller Tatsachen in der Seele Rechnung zu tragen. Er untersuchte alte Traditionen und aktuelle Trauminhalte auf Symbole für solche Wirkungen und hoffte, spirituelle Krisen durch Interpretation dieser Symbole zu lösen. Aber damit konnte er lediglich seelische Niederschläge spiritueller Erfahrungen des einzelnen und der Menschheit feststellen und ins

Licht eines begrenzten, rationalen Bewußtseins heben. Eine Bewußtwerdung dieser Niederschläge ohne neues, der geistigen Welt geöffnetes, intuitives Bewußtsein bedeutet jedoch nur eine Verbindung der Seele mit ihrer eigenen Bilderwelt und mit der Vergangenheit der Menschheit.

Die adäquate Antwort auf die Welt des Geistes wäre, daß der Mensch ein intuitives Erkenntnisorgan entwickelt, das der Welt des Geistes entspricht und sie rein und unmittelbar wahrnehmen kann, um dann in den geistigen Kräften das Verhaftetsein der Seele in Diesseits und Jenseits zu erkennen und aufzulösen.

Jung glaubte es aber der rational-empirischen Wissenschaft seiner Zeit schuldig zu sein, auf Aussagen über nur intuitiv erfaßbare unmittelbare spirituelle Erfahrungen und deren besondere Gesetzmäßigkeit zu verzichten, obwohl er selbst und seine Patienten häufig solche Erfahrungen hatten. Unbestreitbar ist auch, daß er sich seinen Patienten mit voraussetzungsloser Menschenliebe und Opferbereitschaft zuwandte und in ihnen und mit ihnen Türen zur jenseitigen und geistigen Welt öffnete.

Aber sein unbedingtes Festhalten an der wissenschaftlich-empirischen Methode hinderte ihn daran, frei anzuerkennen, daß es objektiv eine jenseitige und eine geistige Welt gibt und daß sie nach ihren eigenen Gesetzen wirken. (Es kommt nur darauf an, unterscheiden zu lernen, was objektive Manifestationen dieser Welten und was subjektive Projektionen der Seele sind.) Auch die geistige Welt ist objektiv erkennbar – nur mit einem anderen Erkenntnisorgan als dem an die Sinne gebundenen Verstand.

Künstler

So mancher Schriftsteller und Künstler dieser Zeit war sensibel für Einflüsse des Lichtes der geistigen Welt und des damit verbundenen Schattens im Jenseits und kämpfte um Unterscheidung, etwa Friedrich Nietzsche, Gustav Meyrink und Alfred

Kubin, zahlreiche Komponisten wie Skrjabin, Satie, Debussy, Maler des Symbolismus usw.: Überall scheinen in ihren Werken teils geistige Impulse, teils Impulse aus dem Jenseits durch. Graf Hermann Keyserling zum Beispiel gründete seine „Schule der Weisheit" als Reaktion auf eine Berührung durch das Feld des Geistes, ohne jedoch, nach eigener Aussage, direkten Zugang zu ihm gewinnen zu können. Auch sei hier des zu Unrecht vergessenen Eugen Heinrich Schmitt in Berlin gedacht, in dessen Bewußtsein sich dieses Feld klar widerspiegelte.[15]

H. P. Blavatsky

Helena Petrowna Blavatsky (1831-1891) kann als erste große Überträgerin des Aquariusimpulses gesehen werden, die erkannte, daß er eine völlige Umorientierung des Bewußtseins der Menschheit zum Ziel hatte: eine bewußte Ausrichtung auf die ursprüngliche Welt des Geistes als der eigentlichen Heimat des Menschen und einer Überwindung und Auflösung der materialistischen und dogmatischen Einstellungen der ichbezogenen Seele, die nur die Sinnenwelt und – nach dem Tod – die vergängliche feinstoffliche Welt kennt. Der Menschheit und dem Menschen, die in der modernen Zeit prinzipiell zu einem individuellen, verantwortlichen Bewußtsein herangereift waren, sollte die eigentliche Aufgabe des Menschen in der kosmischen Entwicklung deutlich werden, so daß er bewußt seinen Standort in dieser Entwicklung erkennen und daran mitarbeiten konnte.

Dieser Impuls wirkte weltweit, wie im Westen, so im Osten. Das dokumentiert sich schon darin, daß die Gründung der Theosophischen Gesellschaft 1875 in New York erfolgte, daß das Hauptquartier der Gesellschaft 1882 nach Adyar in Indien verlegt wurde, und daß H. P. Blavatsky in ihrem letzten Lebensjahr von London aus arbeitete.

Die durch H. P. Blavatsky wirkende geistige Welt, aus der sie ihre Inspirationen empfing, ließ auch die großen Traditionen der Vergangenheit wieder lebendig werden. Aus zwei großen Quellen schöpfte Frau Blavatsky: aus dem spirituellen Christentum des Westens und der östlichen Überlieferung des Hinduismus und Buddhismus, wobei sich das Gewicht im Lauf der Zeit mehr und mehr zur östlichen Weisheit hin verlagerte.

Wie ein Eisbrecher wirkte die Persönlichkeit Frau Blavatskys im erstarrten Meer der dogmatischen Religionen und der materialistischen Wissenschaft, die im 19. Jahrhundert das Denken und Fühlen der Menschen zunehmend beherrschte. Mit gewaltiger Energie brach sie, erfüllt von den Kräften der geistigen Welt, durch diese Kruste und alle Feindseligkeiten und Verleumdungen hindurch.

Keine äußere Religion, kein Dogma hatte Priorität für sie. Entscheidend war nur die innere Erfahrung mit der lebendigen Wahrheit, die in allen Religionen, nur immer wieder mit anderer Symbolik und mehr oder weniger verschleiert, zum Ausdruck kam. Deshalb war ihr Motto: Keine Religion steht höher als die Wahrheit. Wesentlich für die moderne Zeit war die Formulierung dieser erlebten Wahrheit in einer lebendigen Philosophie. Alle späteren esoterischen Bewegungen der Moderne nahmen diese erste Woge des Aquariusimpulses auf.

In „Isis entschleiert" (1877), dem ersten großen Buch H. P. Blavatskys, sowie der folgenden „Geheimlehre" (1888) zeigten sich diese Komponenten ihrer Arbeit: Sie nahm Stellung gegen religiöse Dogmatik und materialistische Wissenschaft, präsentierte andererseits aber auch die universelle Weisheitsreligion aller Zeiten und die auf die geistige Welt bezogene Philosophie der Antike und des Mittelalters, wie sie sich als unterirdischer Strom bis zur Gegenwart fortgesetzt hatte.

Aber Frau Blavatsky war auch schon die erste, die gegen den „niederen Okkultismus" in Form des Spiritismus und des Wunsches mancher Menschen, sich „übersinnliche" Fähigkeiten zur Ichbefriedigung anzueignen, zu kämpfen begann. Wird die Decke des Materialismus weggezogen, kommen sowohl die Impulse aus der ursprünglichen Welt des Geistes als auch, zunächst dem Menschen fast ununterscheidbar, die Einflüsse der jenseitigen Welt in Form des niederen Okkultismus zur Geltung. Frau Blavatsky glaubte zunächst, der Spiritismus sei ein geeignetes Mittel, die Menschen überhaupt auf nicht-materielle Realitäten – und damit auch auf die ursprüngliche geistige Welt – aufmerksam zu machen. Doch schon bald erkannte sie, daß der Spiritismus, die Beschäftigung mit dem Jenseits, von der geistigen Welt nur ablenkte, und brach konsequent mit dieser Bewegung.

Sie war außerdem sensibel für parapsychologische Einflüsse und besaß selbst die Fähigkeit, übersinnliche „Phänomene" zu erzeugen. In den ersten Jahren ihres Wirkens meinte sie, solche Phänomene könnten eine Brücke zur geistigen Welt schlagen, bemerkte dann aber, daß die Wundergläubigkeit der Menschen ein großes Hindernis für die eigenständige Erfahrung der geistigen Welt war, und gab bewußt die Erzeugung solcher Phänomene auf. Ja sie nahm alsbald sehr entschieden Stellung gegen Spiritismus und übersinnliche Phänomene als vermeintliche Mittel spiritueller Entwicklung.

Ihr letztes Buch, eine Übersetzung alter tibetischer Anleitungen für den spirituellen Weg, „Die Stimme der Stille", ist Ausdruck reiner Einflüsse der ursprünglichen geistigen Welt und charakterisiert die Welten des Jenseits und Diesseits aus dieser Perspektive in ihrer Begrenztheit.

Rudolf Steiner

Nach H. P. Blavatsky und ihren Mitarbeitern war Rudolf Steiner (1861-1925), Gründer der anthroposophischen Bewegung, ein Mensch, der direkt auf die Impulse aus der geistigen Welt reagierte, aber ebenfalls Einflüsse aus dem Jenseits wahrnahm und um eine klare Unterscheidung rang.

Er versuchte zunächst, die ihm bewußt werdenden Inhalte aus der geistigen Welt und den „übersinnlichen Welten" des Jenseits systematisch zu ordnen. Die von H. P. Blavatsky noch sehr unsystematisch dargestellten kosmologischen und anthropologischen Entwicklungen wurden von ihm in eine überschaubare Ordnung gebracht. Auf dieser Basis begründete er dann einen „Erkenntnisweg", der Menschen in die geistige Welt hineinführen sollte.[16]

Sein Bestreben ging dahin, den Christusimpuls als einen reinen Impuls aus der Welt des Geistes im Bewußtsein der Menschen zu verankern und eher die esoterischen Traditionen des Westens zu betonen. Er tat das nicht, um die Priorität des Christentums vor anderen Religionen zu behaupten, sondern um die neue Stufe der Entwicklung, die die ganze Menschheit seit der Fleischwerdung des Christus in Jesus betreten hat, zu charakterisieren.

Die Aufgabe speziell der Moderne in diesem Zusammenhang ist nach Steiner, daß der Mensch den Christus als das wahre Selbst im eigenen Innern erlebt. Gerade im Weg Jesu wird diese Erfahrung exemplarisch und anschaulich. Das niedere Selbst „stirbt" zugunsten des wahren Selbst, des Christus, und zwar bei voller Bewußtheit und Verantwortung des Schülers. Genau das ist die Absicht des Aquariusimpulses, der sich seit den letzten Jahrzehnten des 19. Jahrhunderts in der ganzen Welt zu entfalten begann.

Dennoch zieht sich auch durch das Werk Steiners eine Unklarheit, die zu Mißverständnissen Anlaß geben kann. Er unterschied nicht immer deutlich zwischen der unvergänglichen, ewigen Welt des Geistes, in der es keine Selbstbehauptung gibt, und den von Selbstbehauptung durchdrungenen feinstofflichen, übersinnlichen oder „höheren" Welten, die als jenseitige Kräfte und Ursachen unmittelbar hinter den Erscheinungen des sichtbaren Diesseits stehen.

Leicht kann daher der Leser seiner Schriften die übersinnlichen „höheren Welten" des Jenseits, die nicht von den Christuskräften erfüllt, ja häufig deren Widersacher sind, mit der ewigen Welt des Geistes verwechseln und glauben, es gebe einen kontinuierlichen Übergang vom Jenseits in die Welt des Geistes.

Dem entspricht, daß Steiner nicht deutlich oder nicht deutlich genug zwischen dem wahren Selbst des Menschen, das der ewigen Welt des Geistes angehört, und dem persönlichen Ich als Teil des Diesseits bzw. dem „höheren" Ich als Teil des Jenseits unterschied. Das höhere, sich selbst behauptende Ich des Menschen ist nicht Ausdruck des Ewigen und nicht identisch mit dem wahren Selbst, dem Christusselbst des Menschen. Daher besteht die Gefahr, daß die Übungen und Entwicklungen, die Steiner z. B. in dem Buch „Wie erlangt man Erkenntnisse der höheren Welten" beschreibt, vom persönlichen Ich des Diesseits oder vom höheren Ich des Jenseits aufgegriffen werden. Daraus entstünde ein Erkenntnisweg, der das sich selbst behauptende Ich – Steiner selbst würde von einem von „Luzifer" oder „Ahriman" durchdrungenen Ich sprechen – in den übersinnlichen Gebieten des Jenseits bewußt machte und „Hellsichtigkeit" in diesen Gebieten erzeugte. Während doch das Ziel des Christusimpulses ist, die Selbstbehauptung sowohl des niederen als auch des höheren Ich aufzulösen, damit das ewige wahre Selbst, der innere Christus im Menschen, zum Vorschein kommen kann.

Wer weiß, welche Klarstellungen in dieser Hinsicht noch erfolgt wären, wenn Steiner die geplanten „Drei Klassen" seiner esoterischen Schule hätte ausbauen können. So aber wird in seinen Schriften und Vorträgen das entscheidende Merkmal des Einweihungsweges der Moderne: Selbstverantwortung und Selbsterkenntnis – zwar immer wieder angesprochen, doch wird nicht klar genug herausgestellt, daß die Preisgabe der Selbstbehauptung sowohl des niederen als auch des höheren „übersinnlichen" Ich die Vorbedingung ist, daß sich das Christus-Ich entfaltet. Das Ich kann sich nicht zum Christus-Ich hinaufentwickeln. Vielmehr muß seine Selbstbehauptung schwinden. Dann kommt die ewige Welt des Geistes im Menschen zum Vorschein.

Max Heindel

Max Heindel (1865-1919), eigentlich Carl Louis Frederik Grashoff, emigrierte 1896 aus Dänemark in die USA, wo er sich zwischen 1898 und 1906 in Los Angeles aufhielt.[17] Diese Jahre waren nach seinen eigenen Worten von einem unstillbaren Hunger nach geistiger Erkenntnis geprägt. 1904 trat er in die Theosophische Gesellschaft ein und wurde schon bald Vizepräsident der Gesellschaft für Kalifornien. Getrieben von dem heißen Wunsch, anderen mitzuteilen, was er erkannt hatte, hielt er ab 1905 öffentliche Vorträge vor allem über Astrologie im nordwestlichen Teil der USA – mit derartigem Einsatz, daß er herzkrank wurde.

Seine Sehnsucht nach Erkenntnis führte ihn 1907 durch Vermittlung von Alma von Brandis zu Rudolf Steiner nach Deutschland. In Berlin hörte er Vorträge Steiners und nahm an dessen Einführungskursen teil, war aber, obwohl er Teile der Ausführungen Steiners übernahm, im Kern seines Wesens immer noch nicht zufriedengestellt. Wirklich gesättigt wurde er erst, als er, noch im Jahre 1907, den „Älteren Brüdern" des Rosenkreuzes begegnete, wie er es selbst darstellt. In der Nähe Berlins erhielt er Unterricht von ihnen. Er bekam den Auftrag, die empfangenen Lehren niederzuschreiben und vor dem Jahr 1909 zu veröffentlichen. Noch in Deutschland erstellte er einen ersten Entwurf, arbeitete ihn aber, nach Amerika zurückgekehrt, vollständig um. 1909 erschien das Buch „Die Weltanschauung der Rosenkreuzer" in Chicago.

Bis dahin hielt Heindel weitere Vorträge und Kurse in Columbus, Seattle und anderen Städten, was zur Gründung des ersten Rosenkreuzer-Zentrums in Columbus (Ohio) führte. Besonderen Wert legte er darauf, Artikel mit Inhalten seiner Lehre durch die Presse zu verbreiten.

1909-1910 wirkte Max Heindel wieder in Los Angeles. Er empfing einen weiteren Auftrag von den „Älteren Brüdern" des Rosenkreuzes, nämlich die Rosenkreuzer-Gemeinschaft („Rosicrucian Fellowship") aufzubauen und einen Tempel zu errichten, in dem sich die Schüler des Rosenkreuzes regelmäßig versammeln und spirituelle Heilkraft aussenden sollten. Am 25. Dezember 1920, weit über ein Jahr nach Heindels Tod, war dieser Ecclesia-Tempel auf dem Mount Ecclesia in Oceanside (Kalifornien) fertiggestellt.

Auch Max Heindel war ein Mensch, der aus dem Feld des Geistes schöpfte und gleichzeitig mit Impulsen aus dem Jenseits konfrontiert wurde. In seiner an R. Steiner angelehnten Kosmologie, entwickelt in dem Buch „Die Weltanschauung der Rosenkreuzer", macht er zwar die Unterscheidung zwischen dem „Absoluten", einer ewigen geistigen Welt, und der Welt der unsichtbaren Kräfte, die unmittelbar das Diesseits regieren. Aber es wird noch nicht genügend deutlich, daß unsichtbare und sichtbare Welt nicht mehr ihrer ursprünglichen Bestimmung entsprechen.

Max Heindel betont wohl, daß gegenwärtig der Intellekt des Menschen zum Sklaven der Begierde geworden ist und nicht mehr den Einflüssen des ewigen Geistes gehorcht. Er legt auch Wert auf die Feststellung, daß die Kraft des Christus im Herzen wirken und den gesamten Organismus des Menschen verändern muß. Dennoch knüpft dann der Übungsweg, den er beschreibt, an den Eigenschaften des diesseitigen Menschen an. Dieser würde sich dadurch nicht an der Welt des Absoluten orientieren, sondern auf die feinstofflichen Gebiete des Jenseits abstimmen.

Jan van Rijckenborgh

Den Klärungsprozeß, der bei Steiner und Heindel noch in vollem Gange war, führte Jan van Rijckenborgh (1896-1968), Gründer der Geistesschule des Rosenkreuzes, im Lauf der Zeit zu seinem Ende. Er übernahm die Kosmologie beider, aber er wertete sie total anders. Es gibt nach seiner Erkenntnis eine absolute, ewige Welt, Ursprung von allem, auch der Welt des Diesseits und Jenseits. Doch Diesseits und Jenseits in ihrer gegenwärtigen Verfassung, sowie in ihrer Entstehungsgeschichte durch die verschiedenen Schöpfungsperioden hin, sind kein reiner Ausdruck der ewigen Geistwelt, des „Wortes", mehr, sondern eine „gefallene Welt": von Selbstbehauptung durchdrungen und deshalb von der ursprünglichen Geistwelt abgeschnitten, ja ein Gegensatz zu dieser, gleichwohl von ihr immer umfangen und getragen.

„Die ursprüngliche Menschenwelt ist ein Gebiet absoluter, ewiger Herrlichkeit. Die Menschheit erfüllt dort in vollkommenem Gehorsam den Plan Gottes, der die Grundlage für Welt und Menschheit bildet." Dieser Gehorsam ist „freiwillige, bewußte Mitarbeit in freier Liebesbindung mit Gott". Aber „Sie (müssen) sich an die Idee gewöhnen, daß unsere Involution möglicherweise ein Fall sein könnte, ein Sündenfall, die Folge einer Katastrophe... Alle Weltreligionen erwähnen diesen Fall..."[18]

Daher der Begriff der „Zwei Naturordnungen" bei Jan van Rijckenborgh: die ewige, göttliche Naturordnung in ewigem Werden, die ihr eingeschriebenen geistigen Gesetze entfaltend, und eine „dialektische", sich in Gegensätzen bewegende Naturordnung, nicht im Einklang mit den göttlichen Gesetzen, von selbstbehauptender Empörung gegen diese Gesetze bestimmt. Auch diese „dialektische" Naturordnung entwickelt sich in Schöpfungsperioden, aber getrennt von der göttlichen Ordnung. Sie ist, wie van Rijckenborgh, auf Jakob Böhme zurückgehend, sagt, das „Haus des Todes" mit den Merkmalen der Vergänglichkeit und Vergeblichkeit.

Aber diese dialektische Ordnung ist zugleich eine „Notordnung": Sie ist nicht nur Ergebnis eines „Falles", sondern hat auch ihren Sinn. Sie ist das Daseinsgebiet der gefallenen Geistwesen, die eben durch die Eigenschaften dieser Ordnung ihren Zustand erkennen und einen Weg zurück in die göttliche Naturordnung finden können. „Gott läßt nicht fahren die Werke seiner Hände."[19]

Im Menschen, der in dieser gefallenen Notordnung lebt, existieren die Entsprechungen zu den beiden Naturordnungen. Einerseits das von Selbstbehauptung durchdrungene Ich. Es gehört zur gefallenen Naturordnung und hat wie diese zwei Aspekte: Dem sichtbaren Diesseits gehört das bewußte Persönlichkeits-Ich an, dem unsichtbaren Jenseits ein ebenfalls von Selbstbehauptung durchdrungenes „höheres Selbst", die Konzentration aller überpersönlichen Selbstbehauptung. Andererseits wirkt im Menschen das ewige, wahre Selbst, der „Geistfunke", wie v. Rijckenborgh sagt, ein im gegenwärtigen Menschen meist latentes Prinzip, das der göttlichen Naturordnung angehört.

Der große Aquarius-Impuls der Bruderschaft des Lebens hat zum Ziel, dem Menschen seine Heimat in der unvergänglichen geistigen Welt bewußt zu machen und ihn dorthin zurückzuführen. Er spricht also das wahre Selbst, die Geistseele des Menschen an, die mit der ursprünglichen Welt in Verbindung steht und dorthin zurückkehren will.

Das ist etwas anderes als ein Weg, durch den das persönliche Ich in die übersinnlichen Gebiete des Jenseits eindringt und sich das Vermögen des Hellsehens erwirbt. Das ist auch etwas anderes als ein Weg, durch den die Konzentration aller überpersönlichen Selbstbehauptung, das „höhere Selbst", dem Menschen bewußt wird und sich mit dem persönlichen Ich vereinigt.

Im Gegenteil: Das Erwachen des wahren Selbst hat zur Bedingung, daß Ichpersönlichkeit und höheres Selbst „untergehen", aufgehen im wahren Selbst und dessen Diener werden. „Es ist nicht so, daß das Ich, jetzt an das niedere Menschenwesen gebunden, in einem gegebenen Moment sein göttliches Selbst finden muß, um damit vereinigt zu werden. Nein, das wahre Ich, der wahre Gottesfunke des himmlischen Selbst muß vom Ich des irdischen Menschen frei werden.

Wir drehen die Sache also um. Der irdische Mensch will befreit werden, doch er muß untergehen. Er, der himmlische Gottessohn, muß wachsen, der irdische Mensch muß untergehen."[20]

Ausgangspunkt des Weges, wie ihn der große Aquarius-Impuls der Bruderschaft des Lebens will, ist somit der Geistfunke, das wahre Selbst, das von vornherein mit der geistigen Welt in Verbindung steht. Und wenn auf diesem Weg das persönliche Ich angesprochen wird, so nur, um an der Wegräumung der Hindernisse mitzuarbeiten, die dieser Entwicklung im Weg stehen. Es soll die eigene Selbstbehauptung erkennen, preisgeben und sich in den Dienst des Ewigen stellen. Dann dringen die Strahlen des Christusgeistes mit gewaltiger Kraft in den Geistfunken, die individuelle Repräsentanz der Christuskräfte im Menschen, ein, bringen ihn zum Wachstum und fordern die Endura – die Preisgabe jeder Selbstbehauptung in Diesseits und Jenseits.

Welche Klärung durch diese deutliche Unterscheidung erfolgt, läßt sich gut nachvollziehen, wenn man z. B. bei Rudolf Steiner in der „Theosophie des Rosenkreuzers" oder bei Max Heindel in der „Weltanschauung des Rosenkreuzes" die Stufen des rosenkreuzerischen Weges nachliest und dann bei v. Rijckenborgh in „Der kommende neue Mensch" die Beschreibung dieser Stufen studiert. Bei Steiner und Heindel geht es primär um die Entfaltung von übersinnlichen Erkenntnissen des „höheren Selbst" in den übersinnlichen Sphären des Jenseits, also der Äther- und Astralgebiete. Eine Anknüpfung an die Welt des Ewigen wird dabei stillschweigend impliziert oder als letzte Stufe in einem kontinuierlichen Geschehen angesehen. Auf dem von v. Rijckenborgh gewiesenen Weg dagegen entwickelt sich primär der Geistfunke, und zugleich geht die Ichzentralität der niederen und höheren Persönlichkeit unter. Aus dem Geistfunken wird eine neue, von Ichzentralität freie Persönlichkeit aufgebaut. Das höhere Selbst kann von den übersinnlichen Gebieten aus nicht in die ewige geistige Welt übergehen.

Subjektiv entsprechen diesen beiden Möglichkeiten im Menschen zwei unterschiedliche Motive. Der Mensch kann, von Sehnsucht nach Höherentwicklung seiner Persönlichkeit getrieben, Einblick in die übersinnlichen Welten des Jenseits gewinnen wollen, durchaus auch mit dem Ziel, der Menschheit auf diese Weise besser dienen zu können. Schlägt er auf dieser Basis einen esoterischen Weg ein, so wird er die Fähigkeiten seines höheren Ich entwickeln und das niedere Ich darin aufgehen lassen oder überhaupt nur die niedere Persönlichkeit entwickeln.

Der Mensch kann aber auch, in seinen diesseitigen und jenseitigen Bestrebungen an einer Grenze angelangt, erkennen, daß nur das Aufgehen im Ewigen seiner innersten Sehnsucht und seiner eigentlichen Bestimmung entspricht, und daß er, um zu diesem Ewigen zu gelangen, frei von allen diesseitigen und jenseitigen Entwicklungsbestrebungen werden muß.

Entsprechend dieser klaren Unterscheidung war auch die Begründung, die van Rijckenborgh für den von ihm beschriebenen befreienden Weg gab, eine andere als die, die Rudolf Steiner und Max Heindel für die von ihnen gezeigten Wege gaben. Steiner und Heindel sprechen davon, daß der Mensch die in ihm angelegten höheren Fähigkeiten entwickeln könne und daher auch solle, und daß er dadurch der Menschheit besser dienen könne.

Bei van Rijckenborgh dagegen ist der Weg, der das Ewige im Menschen entfaltet und das Vergängliche diesem unterordnet, eine Notwendigkeit. Ein Fehler, ein Fall, muß rückgängig gemacht werden. Der Mensch ist von seiner Bestimmung, im Einklang mit den göttlichen Gesetzen zu leben, abgewichen, wodurch er diese chaotische Welt des Diesseits und Jenseits mit ihren vielen Übeln und dem Tod als größtem Übel hervorgebracht hat.

Will er seiner Bestimmung wieder genügen, so muß er diese Abweichung und die daraus enstehenden Übel korrigieren. Fördert er aber seine diesseitige und übersinnliche Entwicklung, so verstärkt er diese Abweichung erst recht noch und hält Diesseits und Jenseits, die ungöttliche Naturordnung, instand. Also muß er zur „Neutralität" gegenüber den selbstbehauptenden Einflüssen von Diesseits und Jenseits kommen, um dem

Geistfunken und der göttlichen Ordnung Spielraum zur Entfaltung zu geben.

Erst dann, und nur so, kann der Mensch der Menschheit so dienen, daß sie allmählich ihre katastrophale Lage bemerkt, ihre Abweichung vom Göttlichen und ihre Bestimmung erkennt und schließlich auch erfüllt.

H. P. Blavatsky, Rudolf Steiner und Max Heindel gründeten nicht nur Vereinigungen, in denen ihre Lehre und der entsprechende Entwicklungsweg dargestellt wurden und studiert werden konnten, sondern auch innerhalb dieser Vereinigungen besondere Gemeinschaften für alle, die den Weg bewußt gehen wollten. Solche „Esoterischen Schulen", wie es z. B. bei Frau Blavatsky hieß, stellen Kraftfelder dar, in denen die spirituellen Kräfte der Gründer und aller Angehörigen der Schule strukturiert wirksam werden und den Mitgliedern auf ihrem Weg behilflich sind. Esoterische Schulen nun, die die Entfaltung der niederen oder höheren Persönlichkeit zum Ziel haben, müssen von Kräften zehren, die aus der Welt des Diesseits und Jenseits stammen. Solche Kräfte sind nicht unerschöpflich, und die Anstrengung, die erforderlich ist, sie aufzurufen und umzusetzen, wird irgendwann mit Sicherheit zu einem Rückschlag führen.

Nur wenn Geistesschulen am Ewigen im Menschen anknüpfen, es entfalten und somit die Christuskräfte aus der göttlichen Welt freisetzen, verfügen sie über einen unerschöpflichen Kräftevorrat. Und diese Christuskräfte müssen nicht forciert aufgerufen und durch Konzentration und Meditation verstärkt werden, um eine starke Persönlichkeit aufzubauen, die dann doch irgendwann sterben muß. Sie sind die Grundlage der Welt, der göttlichen sowohl als auch der ungöttlichen – obwohl von dieser ununterbrochen verfälscht –, und stehen dem Menschen stets zur Verfügung. Der Mensch braucht sie nicht zu forcieren. Er muß nur einwilligen, sie in sich wirken zu lassen, und zulassen, daß sie die ihnen im Weg stehende Selbstbehauptung auflösen.

Ergebnis des durch van Rijckenborgh durchgeführten Klärungsprozesses war es denn auch, daß er im Sinn des großen Aquarius-Impulses eine „Geistesschule" aufbaute, die rein den Christuskräften und dem aus ihnen folgenden Weg entsprach. Es entstand ein „lebender Körper", ein Organismus, der die Struktur der geistigen Welt und den zu ihr führenden Weg repräsentiert. Die Christuskräfte werden für alle Stufen des spirituellen Weges transformiert und kommen allen Mitgliedern des lebenden Körpers zugute. Diese befinden sich innerhalb des lebenden Körpers in einer Umgebung, die dem Wachstum des Geistfunkens förderlich ist und ihnen alle Kräfte verleiht, bewußt die jeweiligen Hindernisse aufzulösen. Umgekehrt verstärken die Schüler den lebenden Körper in dem Maß, wie die Christuskräfte in ihrem eigenen Geistfunken, ihrem wahren Selbst, frei werden.

Der lebende Körper besteht, äußerlich gesehen, aus der Organisation des Lectorium Rosicrucianum, aus Riten, Symbolen, Veranstaltungen und der Universellen Lehre. In diesen Formen wird das „Kraftfeld" des Rosenkreuzes, der innere Aspekt des lebenden Körpers, wirksam. Es repräsentiert für alle Schüler den Christus, das wahre Selbst, umgibt sie wie ein großes wahres Selbst, und jedes individuelle Selbst kann allmählich in dieses Christusselbst hieinwachsen. Damit hat v. Rijckenborgh den spirituellen Aquariusimpuls aus der göttlichen Welt fest in der ungöttlichen Welt verankert. Dieser kann und wird in der Welt weiterwirken, solange es Schüler gibt, die mit ihrem Geistfunken positiv darauf reagieren und die Christuskräfte im eigenen Wesen umsetzen.

Die Anfänge

Es ist gewiß kein Zufall, daß die Geistesschule des Rosenkreuzes in Holland entstand. Die Niederlande waren immer wieder Asyl für freiheitlich denkende Menschen gewesen, die anderswo verfolgt wurden. In einer solchen Atmosphäre konnten die

Impulse aus der Geistwelt am besten einströmen und verankert werden, weshalb es nicht Wunder nimmt, daß die Gründer der Geistesschule des Rosenkreuzes gerade dort geboren wurden.

Auch im Hinblick auf eine internationale Wirksamkeit bot dieses Land wohl besonders günstige Voraussetzungen. Man stelle sich vor, das Lectorium Rosicrucianum wäre in den 20er Jahren in Deutschland entstanden: Ab 1933 hätte es öffentlich nicht mehr wirken können, und nach dem Krieg wären seine internationalen Aktivitäten durch die Vorbehalte gegen Deutschland stark behindert worden.

Jan Leene – Zwier Willem Leene

Jan Leene, später Jan van Rijckenborgh, wurde am 16. Oktober 1896 in einer der reformierten Kirche (Hervormde Kerk) angehörenden Familie geboren. Er starb am 17. Juli 1968. Sein älterer Bruder, Zwier Willem (Wim) Leene, kam am 7. Mai 1892 zur Welt und starb am 9. März 1938. Ihr Vater, Hendrik Leene, war Großhandelskaufmann in Textilien in Haarlem. Zusammen mit Zwier Willem Leene übernahm Jan Leene später diesen Großhandel. Die ersten spirituellen, religiösen Einflüsse von außen, mit denen Jan Leene sich auseinandersetzte, waren die eines Christentums calvinistischer Prägung. Wie er erzählt, gab es auch schon sehr früh geistige Einflüsse von innen. Mit sechs Jahren machte sich ein, noch sehr vages, Bewußtsein in ihm bemerkbar, daß es so etwas wie „das Rosenkreuz" geben müsse.[21]

Wahres Christentum?

Von Jugend an erkannten die Brüder Leene, daß wohl eine Wahrheit und gewaltige Kraft im Christentum steckten, daß aber die Form, die das Christentum in den Kirchen angenommen hatte, dieser Wahrheit und Kraft eher im Wege war. Wo blieb denn die grundlegende Umwandlung und innere Wiedergeburt des Menschen, zu denen das Evangelium aufrief? Der christliche Glaube als Überzeugung des Menschen, schon er-

Zwier Willem (Wim) Leene (1892-1938), Bruder von Jan Leene, einer der Gründer der Geistesschule

löst zu sein, oder gar nur als moralischer Firnis über einer Lebenspraxis, die sich im Wesentlichen doch von der aller „anständigen" Menschen nicht unterschied, schnitt die lebendige, umstürzende Erfahrung der Kräfte des Geistes, die im wahren Christentum wirksam werden wollen, geradezu ab.

Eine intellektuelle Theologie war ebensowenig geeignet, eine lebendige Erfahrung der Christuskräfte zu begünstigen. Und war „Bekehrung" im Sinn einer zerknirschten Unterwerfung unter die „Gebote Gottes" oder einer überstürzten Flucht in die Liebesarme eines Erlösers die „Wiedergeburt aus Wasser und Geist", von der Jesus gesprochen und die er vorgelebt hatte?

In diesen Fragen und dieser Sehnsucht nach wirklicher Lebenserneuerung kam bei den Brüdern Leene der den meisten Menschen unbewußte Geistkern des Menschen zum Ausdruck, der nach Entfaltung strebte und in den ihm gebotenen Formen der Entfaltung keine adäquate Ausdrucksmöglichkeit fand. In den beiden muß dieser Geistkern bereits sehr wach und aktiv gewesen sein, ja auch in inniger Verbindung mit den kosmischen Kraftlinienstrukturen des Geistes gestanden haben. Anders hätten die jungen Männer nicht mit so radikalem Ungestüm nach Wahrheit verlangen und so deutlich erkennen können, daß die vorhandenen religiösen Lebensformen dem Geist keine Heimat boten. Der Drang nach Wahrheit und selbständiger Erfahrung und Realisierung der Wahrheit war die erste Äußerung des Geistkerns, der sich nach „Wiedergeburt aus Wasser und Geist" sehnte.

Auf dieser Grundlage suchten die Brüder Leene nach einer Form wirklich christlichen Lebens. Obwohl sehr verschieden nach Charakter und Anlage, ergänzten sie einander vortrefflich in ihrem Bedürfnis nach einer dem wahren Christentum entsprechenden Lebensführung, die auf bewußter Erkenntnis der spirituellen Gesetzmäßigkeiten beruhte. So entstand eine enge Zusammenarbeit zwischen ihnen, die die Basis für die spätere Geistesschule des Rosenkreuzes bildete.

A. H. de Hartog

Ein Vorbild, das den Brüdern Leene den richtigen Weg zu weisen schien, war der Theologe und damals in Holland sehr bekannte Prediger Professor A. H. de Hartog (1869-1938)[22], der eine „realistische Theologie" vertrat und ein im Leben verwirklichtes Christentum im Sinn von Römer 12, 1 forderte: „Das neue Leben ist die wahre Opfergabe." De Hartog führte in diesem Sinn einen Dialog mit der Arbeiterpartei seiner Tage und war Mitbegründer eines Instituts für vergleichende Religionswissenschaft in Amersfoort. Aber sein christlicher Realismus und sein praktisches Christentum erschöpften sich keineswegs nur in sozialem Engagement und ökumenischen Bestrebungen. De Hartog kam es vielmehr auf eine Erneuerung des Christentums aus einer tief im Menschen gelegenen geistigen Dimension und Erfahrung an. In den Schriften Jakob Böhmes fand er Hinweise auf diese Dimension, den „Ungrund", wie Jakob Böhme sagte. Aus diesem Ungrund offenbarte sich, so de Hartog, das Wort, und zwar in drei Formen: als schöpferisches Wort, womit die schöpferischen Kraftlinienstrukturen des Geistes gemeint sind, die aller Entwicklung von Welt und Menschheit zugrundeliegen; als menschgewordenes Wort: diese Kraftlinienstrukturen offenbaren sich in Menschen wie z. B. Jesus; und als schriftgewordenes Wort: von solchen Menschen geht der Geist als Kraft in Gestalt von Handlungen und Worten aus. In ihnen offenbart sich der Geist im „Fleisch", die Ewigkeit in der Zeit.

Dies alles schien den beiden Brüdern aus der Seele gesprochen und ihrem innersten Bedürfnis nach Neuwerdung aus dem „Ungrund" Nahrung zu geben. Nicht der Glaube an ein Dogma oder an die erlösende Kraft von Riten war entscheidend. Ein Ausspruch von de Hartog gewann für sie große Bedeutung: „Die wesentliche Wahrheit wird uns nicht durch den Buchstaben präsentiert, sondern muß durch das menschliche Bewußtsein erobert und verwirklicht werden." Und mit Angelus Silesius, den de Hartog gerne zitierte, sagten auch Wim und Jan Leene: „Und wäre Christus tausendmal in Bethlehem geboren und nicht in deiner Seel', so wärst du doch verloren."

Dennoch war der spirituelle Hunger der Brüder Leene durch de Hartogs Theologie und Praxis noch nicht gestillt. De Hartog wies zwar auf die geistige Welt im Kosmos und im Menschen hin und forderte, daß der Mensch dieser geistigen Welt trotz Konvention, Eigeninteresse und Gewohnheit in sich Raum gebe. Aber er wies noch keinen Weg zur unmittelbaren Erfahrung und Entfaltung dieser geistigen Welt im Menschen. Sie dagegen empfanden die Notwendigkeit, den Christus im eigenen Wesen bewußt zu erfahren und prozeßmäßig von allen Hüllen zu befreien, ja sie wußten: Nur wenn der Christus im Menschen die Ichheit der Leidenschaften und des Verstandes, die der Mensch für sein wahres Wesen hält, entwurzelt, kann das wahre Wesen des Menschen, der Christus, zum Vorschein kommen. Sie wollten einmal wie Paulus bezeugen können: „Ich lebe, doch nicht mehr als Ich, sondern Christus lebt in mir."[23]

Die „Weltanschauung der Rosenkreuzer"

Die Suche nach diesem Weg führte Wim und Jan Leene, nachdem sie die Kirche verlassen hatten, zur Rosicrucian Fellowship Max Heindels.[24] 1917 war Frau van Warendorp als erste Holländerin Mitglied der amerikanischen „Rosicrucian Fellowship" Max Heindels geworden. Anfang der 20er Jahre hatte sich in Amsterdam bereits eine kleine Studiengruppe aus Mitgliedern der Rosicrucian Fellowship gebildet, als deren Leiterin Frau van Warendorp fungierte. Im Monat April oder Mai 1924 stießen die Brüder Leene zu dieser Gruppe. In der „Weltanschauung der Rosenkreuzer" von Max Heindel fanden sie zunächst eine Kosmologie, die dem nach Entfaltung drängenden Geistbewußtsein Nahrung gab. Die Entstehung und Entwicklung der Welt und der Menschheit aus gesetzmäßigen Impulsen der Kraftlinienstrukturen des Geistes wurde in diesem Buch in Anlehnung an Rudolf Steiner dargestellt. In dieser

Entwicklung konnte der Geist im Menschen seine eigene Vergangenheit wiederfinden. Auch die Bemühungen der geistigen Welt, gipfelnd in der Menschwerdung des Christus in Jesus, das Mißverhältnis zwischen Geist, Jenseits und Diesseits wieder umzukehren, wurden in der „Weltanschauung" dargestellt. Und schließlich schien Max Heindel auch einen Übungsweg anzugeben, durch den der Mensch wieder in die geistige Welt hineinwachsen konnte: alles Elemente, die dem geistigen Samen in Jan Leene Nahrung und Gelegenheit gaben, endlich zu bewußter Entfaltung und Wirksamkeit zu gelangen.

Was die Brüder Leene an dem von Max Heindel gewiesenen Weg vor allem anzog, war, daß dieser in Form einer „Philosophie" formuliert wurde, die zwar aus spirituellen Erfahrungen entstanden war, aber auch von Menschen begriffen werden konnte, die zu selbständigen spirituellen Erfahrungen noch nicht fähig waren. Auch sprach dieser Weg die drei Haupteigenschaften des Menschen – Verstand, Gefühl und Handeln – gleichzeitig an und verlangte ihre gleichgewichtige, harmonische Entwicklung, bezog also den ganzen Menschen ein.

Die „Nederlandse Rozekruisers Genootschap"

Am 9. September 1924 konstituierte sich die Amsterdamer Studiengruppe unter dem Namen „Nederlandse Rozekruisers Genootschap" als Zweig der „Amerikaanse Rozekruisers Genootschap" – der Rosicrucian Fellowship.

In den 80er Jahren wurde von Frau Catharose de Petri der 24. August 1924 als Gründungsdatum des späteren Lectorium Rosicrucianum angegeben. Darin kommt einerseits zum Ausdruck, daß die Wurzel der Organisation des späteren Lectorium Rosicrucianum tatsächlich in der Rosicrucian Fellowship Max Heindels lag. Andererseits wirkte aber in Z.W. Leene und Jan Leene, wie sich zeigen sollte, von vornherein ein Impuls, der sich zwar zunächst innerhalb der Rosicrucian Fellowship entwickelte, dennoch aber eine eigenständige Beziehung zur geistigen Welt besaß. Er schälte sich in den nächsten Jahren langsam als eigenständige Organisation und spiritueller Weg aus der Max-Heindel-Bewegung heraus.

Es muß den Brüdern Leene schon damals bewußt gewesen sein, daß sie einen besonderen spirituellen Auftrag hatten. Frau Blavatsky, Steiner und Heindel hatten die Vorarbeiten für diesen Auftrag geleistet. Sie hatten die harte Kruste des Materialismus durchbrochen und traditionelle spirituelle Wege wieder belebt. Und mochten sie auch die okkulten Fähigkeiten des Menschen, seine Bewußtwerdung in den „höheren Welten" des Jenseits und seine Kontaktaufnahme mit den Meistern des Jenseits in den Vordergrund gestellt haben, so hatten sie doch auch Perspektiven auf das Absolute, die ursprüngliche Welt des Geistes, eröffnet.

Der besondere spirituelle Auftrag der Brüder Leene aber war es, auf der Basis dieser Vorarbeiten, unmittelbar, durch Entfaltung des Geistfunkens, an der Übernatur anzuknüpfen und selbst einen spirituellen Weg zu gehen und zu begründen, der die Transfiguration zum Ziel hatte. Nicht der persönliche Kontakt zu Meistern des Jenseits sollte hergestellt werden, sondern eine bewußte Bindung zwischen dem Geistprinzip im Menschen und der Bruderschaft des Lebens, die auf ganz andere Weise als subjektiv persönlich in der Übernatur existiert und dem persönlichen Bewußtsein des diesseitigen und jenseitigen Menschen völlig unzugänglich ist.

Wenn sich der Geistkern im Menschen entfalten sollte, durften die diesseitige Persönlichkeit und ihre jenseitigen Kontaktmöglichkeiten nicht weiterentwickelt werden, sondern die diesseitige Persönlichkeit mußte, so weit sie ein Hindernis für die geistige Persönlichkeit war, „abgebrochen" werden.

Neues kann nur entstehen, wenn das Alte, soweit es dem Neuen hinderlich ist, abgebrochen, und, soweit es dem Neuen dienen kann, so transmutiert wird, daß es dem Neuen entspricht. Das ganze Wesen des Menschen muß von innen, vom Geistkern her, durch die Kräfte des Geistes, unter bewußter Mitarbeit des Menschen teils „abgebrochen", teils umgewandelt werden, bis es zum Organ geworden ist, die es umringenden und durchdringenden Kraftlinienstrukturen des Geistes wahrzunehmen und mitzubeleben. Was hülfe es dem Menschen, wenn seine alte Persönlichkeit im Diesseits und Jenseits bewußt wäre, aber der Übernatur keine Gelegenheit gäbe, eine neue Persönlichkeit aufzubauen, die bewußtes Instrument des Geistes wäre? Johannes der Täufer, der höchstentwickelte irdische Mensch, war zwar der größte der Sterblichen. Aber der kleinste im Himmelreich war größer als er.[25] Der Mensch mußte wirklich ins Himmelreich eingehen, d. h. ein bewußter Träger des Christus werden.

Das war die Vision der Brüder Leene, und darin lag auch schon das Grundprinzip einer künftigen Geistesschule. Das Grundprinzip war die reine Verwirklichung des Christus im Menschen durch Freiwerden von allen Bestimmungen seitens Jenseits und Diesseits.

Der 24. August 1924, 14 Tage vor der Konstituierung des niederländischen Zweigs der Rosicrucian Fellowship, muß das Datum gewesen sein, an dem diese Vision der Brüder Leene in einer Versammlung der damaligen Mitglieder der holländischen Max-Heindel-Bewegung ausgesprochen wurde, um Grundlage der weiteren Entwicklung zu werden.

Unabhängigkeit

Ab 1925 betrieb die Nederlandse Rozekruisers Genootschap einen kleinen Verlag mit Versandbuchhandlung in Amsterdam. Diese Einrichtung löste sich am 15. 2. 1928 auf und wurde durch ein „Publicatie-Bureau van het Rozekruisers Genootschap" in Haarlem, dem Zentrum (kleinere Organisationseinheit), dem Z. W. und J. Leene angehörten, ersetzt. Das Büro besaß drei Abteilungen: einen Buchhandel, die Redaktion für eine Monatszeitschrift „Het Rozekruis" (1. Ausgabe Dezember 1927) und drittens Abonnement und Werbung. Bis dahin hatte die Rozekruisers Genootschap vier Zentren in Holland aufgebaut. Leiter des Zentrums Haarlem waren die Brüder Leene.

Im Dezember 1929 wurde Frau van Warendorp krank und mußte für einige Zeit ins Krankenhaus. Von da an wurde auch die Leitung des Zentrums Amsterdam von den Brüdern Leene übernommen.

1933 wurde die Max-Heindel-Stiftung als Rechtspersönlichkeit der Nederlandse Rozekruisers Genootschap gegründet. Aller Besitz der Genootschap ging ins Eigentum dieser Stiftung über. Ihre Aufgabe war es, diesen Besitz zu verwalten und für die innere Entwicklung der Gemeinschaft einzusetzen. In diesem Sinn wurde 1935 das Grundstück De Haere angekauft, auf dem von da an jeden Sommer im sogenannten Rozekruiskamp Unterricht und Fortbildungskurse in der Rosenkreuzer-Philosophie gegeben wurden.

Nach dem Tod Max Heindels 1919 hatten sich in der amerikanischen Rocicrucian Fellowship Differenzen ergeben. Es waren zwei Parteien enstanden. Die Leiter der holländischen Gruppe hatten es verstanden, sich aus diesem Streit herauszuhalten und einen selbständigen Kurs zu steuern. Z.W. und Jan Leene hatten überdies die Gruppe im Sinn ihrer Vision immer mehr auf einen von okkulten Tendenzen freien spirituellen Weg geführt und auch in personeller Hinsicht entsprechende Konsequenzen gezogen. „Als wir unsere Arbeit im Jahre 1924 begannen, fanden wir in der Welt eine Rosenkreuzerbewegung vor, die mit dem Rosenkreuz nur den Namen gemeinsam hatte... Die Bewegung war voll besetzt mit negativen Okkultisten, welche niemals hätten weiterkommen können und die sehr krank waren. Ferner gab es eine große Anzahl absolut ‚Schwarz-Wollender', die überall durchdrangen; dann schließlich noch einige Ernsthafte, welche, auf Irrwege geführt, ihr wahres Geburtsrecht für ein vermeintliches Glück verkauften... In dieser Situation mußten die Grundlagen für das neue Werk gelegt werden."[26]

1934 entschlossen sich die Konfliktparteien in Amerika, Frieden zu schließen. Das lief auf einen Kompromiß hinaus, der auch den okkulten Tendenzen Spielraum gewährte. Dieser

Kompromiß sollte gleichfalls für die niederländische Sektion gelten. Damit aber konnten die Leiter der Nederlandse Rozekruiser Genootschap, die in den vergangenen Jahren mit solchen Anstrengungen einen Klärungsprozeß herbeigeführt hatten, nicht einverstanden sein. Sollte man den okkulten Tendenzen und den sie vertretenden Persönlichkeiten gestatten, die mühsam errungene spirituelle Reinheit wieder zu trüben? „Denn wir sollten jetzt gezwungen werden, den schwarzmagischen Elementen, die wir mit solcher Mühe aus unserer Organisation hatten entfernen können, als Brüdern die Hand zu drücken und durch ihre ‚Mitarbeit' unser im Lauf der Jahre gereinigtes Werk zerstören zu lassen."[27]

Diese Situation war der Auslöser dafür, daß sich die holländische Sektion unter maßgeblicher Beteiligung der Brüder Leene selbständig machte. Nachdem ein Versuch gescheitert war, eine „Internationale Föderation der Rosenkreuzer-Gemeinschaften" zu gründen, in der die amerikanische Rosicrucian Fellowship gleichberechtigtes Mitglied sein sollte, erklärten die Brüder Leene und eine dritte führende Persönlichkeit des Zentrums Haarlem, Lor Damme, Weihnachten 1934 die Unabhängigkeit der Nederlandse Rozekruisers Genootschap von der amerikanischen Rosicrucian Fellowship. Der Name Rozekruisers Genootschap blieb, die meisten bisherigen Mitglieder schlossen sich der Neugründung an.

Als Begründung für diesen Schritt bezogen sich die Brüder Leene und Lor Damme auf ein „Mandat des Ordens vom Rosenkreuz", also einer spirituellen Instanz, nach dem die Leitung des esoterischen Werkes der Rosicrucian Fellowship vorübergehend in den Niederlanden zentralisiert werden solle (Brief vom 27. März 1935).[28] Am 25. September 1935 erlangte diese Neugründung Rechtsgültigkeit.

1936 wurde der Name in „Orde der Manicheen" (Orden der Manichäer), 1941 in „Jacob-Boehme-Genootschap" umgewandelt. Man ersieht daraus, welche Ziele die sich entwickelnde Gruppe damals anstrebte und in welchem Geist sie diesen Zielen näherzukommen suchte. Erst 1946 nahm sie den Namen Lectorium Rosicrucianum an, unter dem sie bis heute besteht.

Spirituelle Arbeit

Die Jahre zwischen 1925 und 1940 waren von intensiver Vortragstätigkeit der Brüder Leene, Selbststudium, internen Schulungen und Schriftstellertätigkeit Jan Leenes geprägt. Er erzählte später, mit welchen Anfangsschwierigkeiten er zu kämpfen hatte: Wie er häufig nach intensiven Vorbereitungen zu einem Vortrag doch vor leeren Stuhlreihen stand; wie zuerst einzelne, dann mehrere Interessenten zusammenkamen, die er mit dem Rosenkreuzer-Weg konfrontierte; wie diese zum Teil nur ihre eigenen Interessen verfolgten und keine ernsthafte spirituelle Entwicklung anstrebten; wie daher zunächst eine höchst unstabile Gruppe mit hoher Fluktuation entstand, dann sich jedoch allmählich ein Kern herausbildete, dem wirklich die spirituelle Entwicklung am Herzen lag und der alles daransetzte, zu begreifen, worum es ging, und das Begriffene im Leben umzusetzen.

„So mieteten wir... mit ungefähr sechzehn Interessenten einen Teil des Hauses Bakenessergracht 13 in Haarlem... Hier konnte ein Tempelchen eingerichtet werden und im Hinterhaus ein Unterrichtsraum, alles in äußerst bescheidenem Rahmen... Hier konnte das Werk seinen eigenen, so notwendigen Rhythmus erhalten, durch alle Enttäuschungen hindurch, wie sie, vor allem am Anfang, so oft vorkommen, Enttäuschungen, wenn z. B. niemand erscheint, obwohl der Saal bereit und die Zusammenkunft angekündigt ist."[29]

Daneben erfolgte eine intensive Auseinandersetzung mit der theosophischen Literatur H.P. Blavatskys, ihrer Mitarbeiter und Nachfolger, sowie mit Literatur ähnlicher Richtung. In späteren Büchern erwähnt van Rijckenborgh z.B. R. Buckes „Kosmisches Bewußtsein", Baird Spaldings „Die Meister des fernen Ostens" und Krishnamurtis Werke, ja er erzählt, die philosophisch-religiöse Literatur aller Zeiten „verschlungen"

Henny Stok-Huizer (1902-1990), mit den Brüdern Leene Gründerin der Geistesschule

zu haben, um dort Anknüpfungspunkte und Formulierungshilfen für seine inneren Erfahrungen zu finden. Er schrieb unter dem Pseudonym John Twine Artikel für einschlägige Zeitschriften, seine ersten Bücher („Het mysterie van de bijbel" – Das Mysterium der Bibel, „De blijmare van de Gave Gods" – Die frohe Botschaft von der Gabe Gottes, 1931 und „In het land aan gene zijde" – Im Land an jener Seite, 1933) und betätigte sich als Herausgeber. Zum Beispiel gab er eine holländische Übersetzung des Erstlingswerks von Jakob Böhme „Aurora oder Die Morgenröte im Aufgang", mit einem Vorwort versehen, heraus. Und in der Zeitschrift „Nieuw Religieuze Orientering" ließ er die niederländische Übersetzung von „Die geheimen Figuren der Rosenkreuzer" in Fortsetzungen erscheinen.

Von besonderer Tragweite für seine eigene innere Entwicklung und die der Gruppe, die er mit anderen leitete, war eine Reise ins Britische Museum in London. Dort entdeckte er die Rosenkreuzerschriften vom Anfang des 17. Jahrhunderts und konnte die Kopie einer englischen Ausgabe der „Christianopolis" von Johann Valentin Andreae mit nach Hause nehmen. Auch dieses Buch übergab er, mit ausführlichen Kommentaren versehen, in holländischer Übersetzung der Öffentlichkeit. Das umfangreichste Werk, das er unter dem Pseudonym John Twine verfaßte, war, 1938, eine groß angelegte Interpretation der „Fama Fraternitatis" von Johann Valentin Andreae.

Henny Stok-Huizer

Am 24. Dezember 1930 war Frau Henny Stok-Huizer auf die Rosenkreuzer-Gruppe Jan Leenes und Z.W. Leenes gestoßen, wobei ihr Mann, der selbst dieser Gruppe angehörte, als Verbindungsglied fungierte. Die Brüder Jan und Z.W. Leene und Frau Stok-Huizer erkannten sich unmittelbar als Gleichgesinnte und von den gleichen inneren Voraussetzungen ausgehend. Aus dieser Begegnung entwickelte sich eine lebenslange Zusammenarbeit, exemplarisch für die auch später immer wieder betonte Einsicht Jan van Rijckenborghs, daß in einer Gruppe, die einen spirituellen Weg zur bewußten Erfahrung der Geistwelt geht, beide Ausprägungen des Menschlichen: das Weibliche und das Männliche, gleichberechtigt zusammenwirken müssen. Ohne eine solche Zusammenarbeit und damit Zusammenfassung aller spirituellen Kräfte des Menschlichen ist ein solcher Weg immer zum Scheitern verurteilt.

Frau Henny Stok-Huizer, die später den Ordensnamen Catharose de Petri annahm, wurde am 05.02.1902 geboren und erzählte, sie habe sich schon als achtjähriges Mädchen mit der entscheidenden Frage nach dem Sinn des menschlichen Lebens auseinandergesetzt.[30] Schon sehr früh wurde ihr ihre innere Verbindung zur mittelalterlichen Bruderschaft der Katharer bewußt: „Bereits in unseren frühen Kinderjahren verweilten wir sehr bewußt mit unseren von karmischem Erleben erfüllten Ätherkörpern in den Grotten, Bergen und Tälern des Sabarthez."[31]

Auch Frau Stok-Huizer konnte, aus einer reformierten Familie stammend, an den Antworten, die die Kirche auf die großen Lebensfragen gab, kein Genügen finden, weshalb sie unablässig in anderen Gruppierungen und Strömungen nach der Wahrheit forschte. Ihre Begegnung mit Jan van Rijckenborgh machte ihr klar, daß sie die Wahrheit in der gleichen Richtung wie er gesucht hatte. Als Z.W. Leene 1938 starb, übernahm Henny Stok-Huizer zusammen mit Jan Leene die Leitung der Gruppe.

Ihre Ordensnamen erzählen etwas über ihre spirituelle Identität im Unterschied zu ihrem bürgerlichen Status, und ihre Funktion als spirituelle Leiter. Jan van Rijkenborgh: Johannes, der reiche Bürge. Er versteht sich wie Johannes der Täufer als Vorläufer des Christus und macht in sich selbst die Wege für den Christus frei. Damit schafft er die Möglichkeit, anderen bei der gleichen Aufgabe behilflich zu sein. Reich an geistigen Kräften, bürgt er in der diesseitigen Welt für die Welt des Geistes und vertritt sie, oder tritt als Bürge der ihm anvertrauten Schüler vor die geistige Welt hin. Catharose de Petri: Die Tradition der Katharer fortführend, entfaltet sie in sich die „Rose des Herzens", den Geistkeim, und gibt anderen als ein starker geistiger Felsen (Petra) Halt und Kraft.[32]

Weitere Klärungen

Durch die Arbeit mit Interessenten und seiner allmählich größerwerdenden Gruppe klärte sich in Jan Leene selbst immer mehr, was das eigentliche Ziel des Menschseins sei und wie der Weg dorthin aussehen müßte. In dem Maß, wie sich diese Klärung in ihm selbst vollzog, konnte er auch zur Klärung des Bewußtseins in seiner Gruppe beitragen und Unterscheidungsvermögen entwickeln. Es sei nur noch einmal daran erinnert, wie unterschiedliche Reaktionen auf den um die Wende vom 19. zum 20. Jahrhundert aktiv werdenden Aquarius-Impuls auf der ganzen Welt und vor allem in Europa entstanden waren.

Jan Leene sah sich einem unübersehbaren Meer konkurrierender oder sich bekämpfender esoterischer Strömungen gegenüber: abgesehen von Gruppierungen, die sich zu Unterhaltungszwecken oder um ichbezogener Ziele willen mit Magie, Hellsehen, Astrologie, Geistheilung, Tarot, Handlesen, Spiritismus usw. befaßten, wirkten auch Gruppierungen, die sich ernsthaft um die spirituelle Entwicklung des Menschen bemühten: Theosophie, Anthroposophie, Rosenkreuzer, Freimaurer, Mazdaznan, Sufis und viele andere, teils auf Lehren und Traditionen der Vergangenheit fußend und sie wiederbelebend, teils versuchend, aktuell die geistige Welt zu erfahren. Manche knüpften an westliche, christliche Traditionen an, manche übernahmen östliche Lehren und Techniken.

Darüber hinaus gab es noch die psychologischen Ansätze und die Glaubenstraditionen der großen Kirchen, die ebenfalls Menschen mit der geistigen Welt zu verbinden beanspruchten. Wer in diesem Chaos einander widerstrebender Strömungen das Ziel der menschlichen Existenz und den Weg zu seiner Verwirklichung finden wollte, in dem mußte die geistige

Wahrheit schon sehr stark wirken, wie ein Kompaß, der dem Steuermann auf aufgewühltem Meer die Richtung weist. Er mußte außerdem über ein klares Gefühls- und Verstandesinstrumentarium verfügen, um für sich selbst und andere die intuitiv erfaßte Wahrheit zu formulieren und dadurch auch dem gewöhnlichen Bewußtsein einsichtig zu machen.

Transfiguration

Jan Leenes Ansatzpunkt zur Klärung dieses Chaos war der Transfigurismus: Im Menschen ist der Geist als Keim angelegt. Seine Seele aber, das Insgesamt seiner feinstofflichen Kräfte, ist gegenwärtig mehr oder weniger Opfer der Spiegelsphäre und der Materie, und seine Persönlichkeit, das ihm momentan bewußte und handelnde Ich, ihr mehr oder weniger williges Instrument. Das Ziel besteht nun zunächst in der Wiedererweckung des Geistes im Menschen und dann darin, daß dieser Geist auch wirksam wird und sich durch Seele und Persönlichkeit ausdrückt. Solange aber Seele und Persönlichkeit ausschließlich Diener des Jenseits und Diesseits sind, kann sich der Geist durch sie nicht ausdrücken. Er wird im Gegenteil an seiner Entfaltung gehindert. Daher ist es notwendig, Seele und Persönlichkeit den Bindungen an Jenseits und Diesseits zu entziehen. Dann können aus dem Geistkern im Menschen neue Impulse zur freigewordenen Seele und Persönlichkeit ausgehen. Diese Impulse „brechen" die alte Seele und Persönlichkeit „ab", so weit diese ichbezogen, also von Diesseits und Jenseits gesteuert sind, und machen alles an ihnen, was dem Geist dienen kann, zu geeigneten Ausdrucksmitteln des Geistes. Praktisch werden auf diese Weise eine neue Seele und Persönlichkeit aufgebaut, die nicht mehr aus den Substanzen und Kräften der vergänglichen Welt leben. Es muß mithin eine Art „Persönlichkeitswechsel" erfolgen, wenn der Mensch seine Bestimmung erfüllen will.

Das ist keineswegs ein neues esoterisches Ziel und Verfahren. Es ist vielmehr das Ernstmachen mit einem Ziel und Verfahren, die dem ursprünglichen Christentum zugrundeliegen. Sie wurden nur durch die Jahrhunderte immer weniger verstanden und gerieten schließlich in Vergessenheit. „Wer sein Leben verlieren will um meinet- und um des Evangeliums willen, der wird es retten", sagt Jesus. In dieser Formel sind Ziel und Weg des „Persönlichkeitswechsels", der „Transfiguration", enthalten. „Um meinetwillen" bedeutet, um des Prototyps des wahren Menschen, des Geistmenschen willen, den Jesus repräsentiert und der in jedem Menschen als wahres geistiges Selbst auf Entfaltung wartet. Wer das Leben der – der vergänglichen Welt verhafteten – sich selbst behauptenden Seele und Persönlichkeit verlieren will – um des Geistmenschen willen –, der wird das Leben im Geist finden: in dem wird der latente Geistkern wach, und dieser Geist erbaut sich dann eine neue Seele und eine neue Persönlichkeit, die ihm Ausdruck geben und aus dem Geist leben. „Das Einweihungssystem der neuen Ära bezieht sich auf den Persönlichkeitswechsel, das Geheimnis der evangelischen Wiedergeburt..., das heißt, das Aufbauen einer vollkommen neuen Persönlichkeit in der Kraft Christi und seiner Hierarchie."[33]

Die meisten esoterischen Strömungen des Ostens und des Westens aber verkennen, jedenfalls in ihrer jetzigen Form, dieses Ziel und diesen Weg. Bestimmte Richtungen, vor allem die traditionell im Westen wirkenden, möchten das Ziel spiritueller Bewußtwerdung durch Verfeinerung und Entwicklung der Seele und Persönlichkeit erreichen, durch „Persönlichkeitskultur", wie van Rijckenborgh es nennt: „die Erhebung des Anthropos, des Menschen, von unten her. Systeme der Rassen- und Blutreinigung wurden nach magischen Normen angewendet... Auf diese Weise kam... ein Bewußtsein auf höherem Gebiet zustande und eine grandiose Erweiterung der Fähigkeiten der Sinnesorgane, jedoch gleichzeitig Verankerung im Stoff."[34] Denn ein Persönlichkeitssystem, das ganz aus den Elementen nicht-geistiger Welten aufgebaut ist, wird durch noch so große Verfeinerung über diese nicht-geistigen Welten nicht hinauskommen, ja sich sogar noch fester daran binden.

Lösung der Bindungen an Diesseits und Jenseits zugunsten einer Hingabe an die geistige Welt statt Verfeinerung dieser Bindungen ist also notwendig. Die Hoffnung, durch Übungen und Techniken die jetzige Persönlichkeit in einen Zustand zu bringen, in dem ihr der Geist bewußt wird, trügt. Wenn ihr durch solche Methoden neue Bereiche bewußt werden, dann sind es die des Jenseits, der Spiegelsphäre. Diese Hoffnung ist im Gegenteil gerade Ausdruck der Ichbezogenheit der Persönlichkeit und Seele und samt ihren Auswirkungen der Entfaltung des Geistes hinderlich.

Andere esoterische Richtungen, eher östlich geprägt, versuchen die Persönlichkeit durch Übungen und Techniken nicht so sehr zu entwickeln und zu verfeinern, als sie in ihre materiellen und feinstofflichen Bestandteile zu spalten. Die Versuche gehen in Richtung z. B. auf Austreten aus dem materiellen Körper oder „leibfreie" Erfahrungen der Seele. Solange aber die Seele und die Persönlichkeit der Spiegelsphäre verhaftet sind, werden derartige Erfahrungen im allgemeinen von der Spiegelsphäre verursacht sein und nicht vom Geistkern im Menschen ausgehen. Diese esoterischen Methoden nannte Jan van Rijckenborgh „Persönlichkeitsspaltung". „Der Kandidat... mußte lernen, durch Methoden der Ernährung, der Atembeherrschung und Askese, der Konzentration und Kontemplation, durch die Beherrschung der Mächte des Wortes, eine Spaltung in seiner vierfachen Persönlichkeit hervorzurufen. Durch eine solche Spaltung konnte der Schüler nach Willkür den stofflichen Träger mit seinem ätherischen Gegenstück von den zwei feineren Trägern trennen, um damit bei vollem Bewußtsein in die sogenannten höheren Gebiete zu reisen."[35]

Mit den Begriffen Persönlichkeitswechsel, Persönlichkeitskultur und Persönlichkeitsspaltung hatte sich van Rijckenborgh eine Klassifikation erarbeitet, mittels der er die verschiedenen esoterischen Richtungen analysieren konnte. Aber selbstverständlich war das nicht von außen möglich, sondern nur von innen, nur dadurch, daß ein Mensch in sich die geistige Welt, das Jenseits und das Diesseits erfuhr und so auch erfuhr, welche Kräfte in einer gegebenen Gruppierung wirksam waren.

Beide Systeme: Persönlichkeitskultur und Persönlichkeitsspaltung, hatten nach van Rijckenborgh in früheren Zeiten ihre Berechtigung, ja besaßen auch noch zu Beginn der Aquarius-Ära eine Funktion. Denn „die beiden alten esoterischen Systeme haben die dem Untergang entgegeneilenden Abendländer ergriffen, sie für eine Weile mit der Vergangenheit verbunden, damit sie nicht unwiderruflich kristallisierten."[36] Aber diese Funktion bestand eben nur in einer Bewahrung des Abendländers vor einem völligen Versinken im Materialismus und einer Vorbereitung auf den neuen, wahrhaft erlösenden Geistimpuls. „War es in grauer Vergangenheit für den esoterischen Schüler möglich, in der geschilderten Weise erlöst zu werden und die glorreiche Rückkehr zu feiern, war es während des ersten Teils dieses Jahrhunderts notwendig, den suchenden Abenländer auf die Idee dieser Vergangenheit hinzuweisen, so ist die Menschheit jetzt in einen Weltmoment eingetreten, in welchem der Blick vollständig auf die Zukunft gerichtet werden muß."[37]

Bis 1940 konnten Jan van Rijckenborgh und Frau Catharose de Petri kontinuierlich mit ihrer Gruppe weiterarbeiten. Als aber Holland von den Deutschen besetzt wurde, wurde die Nederlandse Rozekruisers Genootschap verboten und mußte sich illegal betätigen. Jan van Rijckenborgh vertiefte sich während des Krieges weiter in die spirituelle Literatur der Vergangenheit, z.B. in die Schriften des Corpus Hermeticum, die der Manichäer und Gnostiker, und befaßte sich mit der Geschichte der Katharer in Südfrankreich. Dies diente einer weiteren Vertiefung und Klärung seiner eigenen spirituellen Erfahrungen, was sich nach dem Krieg in einer Reihe bahnbrechender Werke niederschlug.

FAMA FRATERNITATIS R. C.

Das ist/

Gerücht der Brüderschafft des Hochlöblichen Ordens R. C.

An alle Gelehrte vnd Heupter Europæ

Beneben deroselben Lateinischen

CONFESSION,

Welche vorhin in Druck noch nie außgangen/ nuhnmehr aber auff vielfältiges nachfragen/ zusampt deren beygefügten Teutschen Version zu freundtlichen gefallen/ allen Sittsamen guthertzigen Gemühtern wolgemeint in Druck gegeben vnd communiciret.

Von einem des Lichts/ Warheit/ vnd Friedens
Liebhabenden vnd begierigen
Philomago.

Gedruckt zu Cassel/ durch Wilhelm Wessel/
ANNO M.DC.XV.

Deutsche Originalausgabe der „Fama Fraternitatis", die Jan Leene (Jan van Rijckenborgh) 1935 unter dem Pseudonym John Twine interpretierte

Jan Leene als Schriftsteller

Expressionismus

Die ersten, in den 20er und 30er Jahren erschienenen Werke van Rijckenborghs sind stilistisch sehr vom Expressionismus bestimmt. Die Zeit suchte verzweifelt nach Erneuerung. Wenn sie ihrer Sehnsucht Ausdruck gab, scheute sie auch ein gewisses, manchmal übersteigertes Pathos nicht. Wo aber in den Frühwerken van Rijckenborghs ein solches Pathos erscheint, da ist es stets Ausfluß der Gewalt seiner spirituellen Erfahrungen, seines Kampfes um Klarheit inmitten unzähliger weltanschaulicher Strömungen, und seiner Einsicht, wie dringend notwendig es war und ist, der Menschheit einen klaren, verstehbaren und gangbaren Weg zur geistigen Welt zu zeigen, sie aus Trägheit und Illusion zu reißen und anzuspornen, diesen Weg auch wirklich zu gehen. Wenn in einem Menschen die geistige Welt sich durch alle inneren und äußeren Konventionen hin Bahn bricht, dann ist das wie ein Vulkanausbruch. Die Gewalt der Eruption teilte sich auch der Sprache van Rijckenborghs in den Büchern aus dieser Zeit mit. Immer wieder machte er deutlich, daß ein geistiger Weg eine Entscheidung auf Leben und Tod ist, in zweierlei Hinsicht: Erstens waren die Zeit und der einzelne an einem Punkt angelangt, wo die Einflüsse aus dem Jenseits in Form von Größenwahn und Exaltation, und der Glaube an die Materie die Menschheit zu gefährlichsten Experimenten und zu existenzbedrohenden Verhaltensweisen im wissenschaftlichen, sozialen, politischen und wirtschaftlichen Bereich trieben. Nur ein geistiger Weg, durch den der Mensch wieder an seinem Ursprung in der geistigen Welt anknüpfte, konnte den entfesselten psychischen und physischen Kräften eine Richtung geben, in der sie nicht zerstörerisch, sondern aufbauend wirkten.

Zweitens bedeutete der geistige Weg radikale Kompromißlosigkeit. Wer sich auf die geistige Welt richtet und ihr in seinem Leben Vorrang einräumen möchte, der darf in keiner Weise mehr auf Erfolg, Macht und Glück in der vergänglichen Welt schielen. Jedes solche Schielen ist eine Kette, die an die vergängliche Welt bindet und, sofern ein Mensch der geistigen Welt im eigenen Wesen schon Raum gegeben hat, mit den Kräften der geistigen Welt aufs empfindlichste kollidiert. Deshalb machte sich van Rijckenborgh das Motto aus Henrik Ibsens „Brand" zu eigen: „Alles oder nichts!" Richtet sich der Mensch kompromißlos auf die geistige Welt, so kommen auch die Belange der vergänglichen Welt zu ihrem Recht und werden in die Ordnung des Geistes integriert: Vielleicht nicht so, wie es sich der Betreffende vorgestellt hatte – aber er kann sein Leben so gestalten, daß die Belange auch der vergänglichen Welt Berücksichtigung finden. Hier gilt das Wort aus der Bergpredigt: Sucht zuerst das Reich Gottes und seine Gerechtigkeit, so wird euch all dieses – die notwendigen Existenzbedingungen in der vergänglichen Welt – dreingegeben werden.[38] Das geschieht zwar nicht ohne Zutun des Betreffenden. Doch gelingen wird ihm eine solche Lebensgestaltung immer.

Technik

Visionär sah van Rijckenborgh voraus, daß Naturwissenschaft und Technik in den kommenden Jahrzehnten eine immer größere Rolle spielen würden. Mit Vehemenz charakterisierte er nicht nur den Wahnsinn der Atombombe, sondern erkannte auch, daß die friedliche Nutzung der Kernenergie die Grundbausteine der Natur antastete und damit das Gleichgewicht des Lebensraums der Menschheit aufs äußerste gefährdete. Er wußte, daß der Einfluß der Massenmedien auf die Menschen gewaltig zunehmen würde, und daß gerade okkulte Kräfte die Massenmedien mißbrauchen würden, um die Menschheit massiv in ihren Illusionen zu bestärken.

Andererseits benutzte er bei der Formulierung der universellen Philosophie gern auch naturwissenschaftliche und technische Begriffe. Die Symbolik der Lehre sollte ja dem Bewußtsein des modernen Menschen entsprechen und ihm Türen öffnen. Deshalb wählte er etwa für den geistigen Kern im Menschen, den Meister Eckhart noch das „Seelenfünkchen" genannt hatte, die Buddhisten als das „Juwel in der Lotosblüte" bezeichnen, Jesus in einem Gleichnis mit einem „Samenkorn", das im Acker der Persönlichkeit wächst, verglich und die Rosenkreuzer des 17. Jahrhunderts als Rosenknospe versinnbildlichten, das Symbol des „Geistfunkenatoms", um zum Ausdruck zu bringen, daß dieser Kern wie ein Atom eine ganze Welt in sich enthält und über das Potential ungeheurer Kräfte verfügt. Deshalb sprach er auch von einem „Kraftfeld", sowohl für das Feld des Geistes als auch für das spirituelle, sich entfaltende Potential einer Gruppe wie der allmählich sich bildenden Geistesschule, und verwendete für bestimmte Entwicklungen in einer solchen Gruppe die Terminologie der Kernspaltung: alles Symbole, die per analogiam bestimmte spirituelle Tatsachen und Vorgänge dem naturwissenschaftlich orientierten modernen Menschen nahebringen.

Der „lebende Körper"

Parallel zur inneren Entwicklung van Rijckenborghs und seiner Mitarbeiter vollzog sich die innere Entwicklung der Rozekruisers Genootschap: Denn in dem Maß, wie die Empfänger der geistigen Impulse auf sie reagierten und als Erfahrung in sich zuließen, mußten und konnten sie diese an dafür Empfängliche weitergeben. Das war ja der innere Auftrag der Gründer der Geistesschule: Als besonders innig mit der Welt des Geistes verbundene Menschen die Bahn des Geistes in sich selbst freizulegen, um in anderen Menschen, die nicht unmittelbar auf die Welt des Geistes reagieren konnten, allmählich diese Möglichkeit der selbständigen Reaktion zu schaffen. Die eigenen Erfahrungen und Erkenntnisse wurden zum Auslöser für ähnliche Erfahrungen und Erkenntnisse anderer Menschen. Umgekehrt wirkten die ausgelösten Erfahrungen auf die Urheber zurück und bewirkten zunehmende Bewußtheit und Klarheit. So entfaltete sich in den Gründern der Gruppe allmählich das

Grundprinzip der Lehre und des Weges, wie es ihnen in ihrer unmittelbaren Beziehung zur Welt des Geistes bewußt wurde. In inniger Verbindung zu ihnen entfaltete sich dieses Grundprinzip dann auch, phasenverschoben, in der Gruppe selbst.

Die Mitglieder der Gruppe versuchten sich über ihren Zustand und den der Welt klarzuwerden, stets angeregt und unterstützt durch die ihnen von van Rijckenborgh und Catharose de Petri übertragene Philosophie. Sie versuchten auch, Konsequenzen in ihrem Leben zu ziehen. Durch diese Anstrengungen, geboren aus der Sehnsucht nach Lebenserneuerung im Geist, kamen die Kräfte des Geistes in jedem einzelnen und in der Gruppe in Umlauf. Es entstand allmählich ein „lebender Körper": ein Organismus, in dem jeder einzelne Schüler eine Zelle bildete, in den Kräfte aus der geistigen Welt einströmten und dessen Struktur und Lebensprinzip sich aus der Struktur der geistigen Welt ergaben. „Die Geistesschule verfügt... über einen siebenfachen lebenden Körper. Sie wird aus lebenden Steinen gebildet, aus einigen tausend Seelen, die ihr ganzes Heil vom lebenden Christus erwarten."[39] Immer klarer wurde allen Beteiligten dieses Prinzip selbst und die Art und Weise, wie es sich entfalten mußte.

1936 wurde ein Gebäude in Haarlem erworben, in dem ein Tempel als besonderer Ort der spirituellen Arbeit der zunächst etwa 200 Schüler eingerichtet wurde.

Der innere Zustand der Gruppe ließ sich jetzt, nach der Phase der „Berührung", als Phase der „Arbeit mit den Kräften des Geistes" bezeichnen. Vorläufiges Ergebnis dieser Arbeit war ein Zustand, den man die „Phase der Neutralität" nennen könnte. Die Schülerschaft gewann, auf der Basis der Kräfte des Geistes, eine gewisse innere Freiheit von den ichbezogenen Tendenzen der Persönlichkeit. Sie wurde neutral und ruhig gegenüber inneren und äußeren Einflüssen aus Diesseits und Jenseits, unbewegt und still.

Wenn diese Phase lange genug durchgehalten wurde, mußten zu gegebener Zeit die Kräfte aus dem wahren Selbst, auf die die

Schüler bisher nur ahnungsweise reagiert hatten, bewußt werden. Van Rijckenborgh beschreibt diese Situation in seinem Buch „Die Gnosis in aktueller Offenbarung". Er vergleicht den „lebenden Körper" der Gruppe im Zustand der Neutralität mit einer Kugel, einem dreidimensionalen Kraftfeld, in dem Kräfte zirkulieren. Aber diese Kräfte sind noch nicht entzündet, noch nicht zu Licht geworden. Weitere innere Arbeit der Schüler, weitere Energiezufuhr ist notwendig, bis eines Tages aus der Kugel aus Kraft eine Kugel aus Licht wird, mit anderen Worten, bis die Kräfte des Geistes, die in der Gruppe zirkulieren, ins Bewußtsein der Schüler durchbrechen und als Licht erfahrbar werden. „Und plötzlich, gleich dem Leuchten des Tagesanbruchs, dem Morgenrot im Aufgang, sehen wir, wie am höchsten Punkt des magnetischen Körpers, am Nordpol der magnetischen Kugel der Geistesschule, das Licht durchbricht."[40] Und das Johannesevangelium zitierend, fährt van Rijckenborgh fort: „In dem Wort liegt also das Leben und das Leben ist das Licht der Menschen. Oder, mit anderen Worten gesagt, auf die Offenbarung des Kraftfeldes folgt die Offenbarung des Lichtfeldes; und das bedeutsamste Kennzeichen dieses Lichtfeldes ist, daß es zugleich auch ein Lebensfeld ist." Und weiter: „Christus ist das Licht der Welt, dies Licht ist der Erstgeborene des Vaters. Was ist das anderes als seine vorausgesagte Wiederkunft?... Die Wiederkunft Christi ist und wird stets eine Tatsache in jedem magnetischen Körper, in dem es Licht wird, in dem das Kraftfeld sich zu einem Lichtfeld durchzusetzen beginnt. Dann ist Christus wiedergekommen... Christus ist nicht nur auferstanden, sondern er ist gemäß seiner Verheißung wiedergekommen, das Licht ist geboren!"[41]

Es sollte noch Jahre dauern, bis weit nach dem Krieg, bis dieser neue Zustand wenigstens in Ansätzen realisiert werden konnte. Bis dahin galt es, das erreichte Niveau zu halten, die notwendigen Reinigungsprozesse weiter durchzuführen und Unterscheidungsvermögen dafür zu gewinnen, welche Einflüsse aus der vergänglichen Welt des Diesseits und Jenseits und welche aus der Welt des Geistes im Innern der Schüler wirkten.

Katharerkreuz

Spirituelle Wurzeln des Lectorium Rosicrucianum

Christian Rosenkreuz

Warum führt die von Jan Leene, Z.W. Leene und Henny Stok-Huizer gegründete Geistesschule den Namen „Rosenkreuz"? Bezieht sie sich auf eine historische Bewegung der Rosenkreuzer, nimmt deren Traditionen auf und führt sie fort? Oder lebt sie aus einem geistigen Prinzip, für das der Name Christian Rosenkreuz steht? Beides ist der Fall.

„Christian Rosenkreuz" als geistiges Prinzip

Im Prinzip „Christian Rosenkreuz" sind Ziel, Weg und Arbeitsweise der Geistesschule des Rosenkreuzes enthalten. In ihm dokumentiert sich die direkte Verbindung dieser Geistesschule und ihrer Gründer mit der Welt des Geistes.

Bewußtheit

Die aktuelle Aufgabe, die die ursprüngliche geistige Welt seit dem Impuls des Christus der Menschheit stellt, ist die Verwirklichung dieses Christusimpulses. Der Mensch soll seiner Ichbezogenheit nach untergehen, damit der in ihm latente Christus, das wahre Selbst, auferstehen kann, um das ganze Wesen des Menschen zu transfigurieren. Aus dem bewußt und wirksam werdenden Christusimpuls im Menschen soll allmählich eine neue Persönlichkeit anstelle der alten entstehen. Diese neue, transfigurierte Persönlichkeit ist wieder im Einklang mit den Gesetzen der Geistwelt, erkennt sie und verwirklicht sie.

Doch muß der Christusimpuls heute unter anderen Bedingungen als zur Zeit Jesu auf Erden verwirklicht werden. Die Menschheit hat sich weiterentwickelt. Zumindest die westliche Menschheit hat im Lauf der Jahrhunderte einen scharfen Intellekt ausgebildet. Diese Verstandesentwicklung ging Hand in Hand mit größerer Bewußtheit in der Welt der Sinne, größerer Selbständigkeit und Individualität. Der Mensch will heute verstehen, was er tut, er will aus Einsicht handeln und kann somit auch verantwortlich handeln. Er will nicht mehr einfach Lehren von anderen übernehmen und nach ihnen leben, sondern sie verstehen, um aus eigener Einsicht zu leben. Das ist eine Folge dessen, daß zunehmend der Aquarius-Aspekt der geistigen Welt in den Vordergrund tritt.

Christian Rosenkreuz steht als Symbol für die Notwendigkeit und das Bedürfnis des Menschen der Neuzeit, den Christusimpuls und den daraus folgenden geistigen Weg zu verstehen, um schließlich die Christuskräfte bewußt im eigenen Wesen zu erfahren. Das schließt nicht aus, daß der Geistesschüler der Neuzeit sich von anderen belehren läßt. Er muß es auf dem spirituellen Weg sogar tun, da er in der Regel die Impulse aus der geistigen Welt noch nicht selbst unmittelbar erfahren kann. Er ist auf Menschen angewiesen, die die geistige Welt aus erster Hand erfahren und ihm davon berichten. Aber er wird diese Berichte und Lehren dann sehr genau prüfen und sie sich erst zu eigen machen, wenn er sie verstanden hat und sie ihm plausibel erscheinen.

Der Meister hat deshalb für einen Geistesschüler der Neuzeit eine andere Funktion als früher. Früher band sich der Schüler in absolutem Glauben an den Meister und ließ sich von ihm wie ein Kind führen. Heute empfängt er vom Meister zwar Lehren und Kräfte, und auch ein Glaube an die Vertrauenswürdigkeit des Meisters ist notwendig. Aber die Führung ist jetzt auf das eigene Innere des Schülers übergegangen. Der eigentliche Meister ist das wahre Selbst im Schüler. Aus diesem Grunde gibt es in der Geistesschule des Rosenkreuzes eine einsehbare, begriffliche Philosophie über das Ziel des geistigen

Weges und den Weg selbst, die der Schüler nicht selbst aus sich heraus entwickeln, doch prüfen, einsehen und seinem Verhalten solange zugrundelegen kann, bis er die geistige Welt aus erster Hand und im eigenen Wesen erfährt. Die Philosophie dient ihm solange als Wegweiser, bis in ihm die Fähigkeit entstanden ist, selbst unmittelbar die Impulse aus der geistigen Welt zu empfangen.

Der heutige Mensch und Geistesschüler muß und will dann seine Einsichten auch selbständig und individuell im Leben umsetzen und bewähren. Er wird als verantwortliches Glied einer Gemeinschaft wirken wollen, das zugleich seinen eigenen Wirkungskreis in der Welt hat. Ein heutiger Geistesschüler zieht sich nicht mehr vom Leben der Welt in eine klösterliche Gemeinschaft zurück, sondern lebt verantwortlich in Beruf, Familie und Gesellschaft und verwirklicht in diesen Bezügen seinen Weg individuell und verantwortlich.

Universalität

Noch für ein weiteres Prinzip steht Christian Rosenkreuz als Symbolfigur. Der Christusimpuls ist eine Vertiefung und Erweiterung aller bisherigen Offenbarungen der göttlichen Welt in der Menschheit. Alle Menschheitsreligionen bis zum Christusimpuls stammten zwar auch aus der göttlichen Welt und gingen damit auf den Christus zurück, brachten aber jeweils nur Aspekte dieser Welt in die Menschheit, um diese allmählich zur Aufnahme des gesamten Christusimpulses vorzubereiten.

In den Jahrhunderten nach dem in Jesus manifest gewordenen umfassenden Christusimpuls versuchten die Menschen, gerade auch im östlichen Mittelmeerraum, die traditionellen Philosophien, Religionen und Mysterien von den Christuskräften durchdringen, verändern und ausweiten zu lassen. Griechische, indische, ägyptische, persische, jüdische usw. Traditionen wurden berührt, verwandelt und der entscheidenden, zentralen Menschheitsaufgabe: der bewußten Transfiguration des Menschen, dienstbar gemacht. Christian Rosenkreuz ist das

„So, Bruder Rosenkreuz, bist du auch hier?" Christian Rosenkreuz betritt den Empfangssaal des Schlosses der Alchimischen Hochzeit und wird von den Scharlatanen verspottet. Abbildung von „Johfra" aus der „Alchimischen Hochzeit des Christian Rosenkreuz".

Symbol für diese Vorgänge. In ihm ist der umfassende Christusimpuls lebendig. Er hat die ihm zuströmenden Inhalte und Kräfte aller bisherigen großen Religionen in sich aufgenommen, sie mit den Christuskräften durchdrungen, sie dadurch auf eine höhere Stufe gehoben und als verschiedene Aspekte des einen großen Bemühens der Bruderschaft des Lebens, das im Christusimpuls gipfelt, zu einer neuen Einheit verbunden.[42]

„Christian Rosenkreuz" als Formel
Der geistige Kern aller aus der geistigen Welt stammenden Religionen, Philosophien und Mysterientraditionen ist wie in einer Formel im Namen Christian Rosenkreuz enthalten. Christian, der Vorname, weist darauf hin, daß dieser Kern der Christus ist und daß ein Mensch, der die aktuelle Menschheitsaufgabe erfüllen will, ein Christianus, ein von Christus erfüllter Mensch sein muß. Rosenkreuz, der Nachname, bezeichnet sowohl den gegenwärtigen Zustand des Menschen, als auch den Weg zur Erfüllung der Menschheitsaufgabe und das Ziel dieses Weges, den neuen Zustand des Menschen. Denn jetzt ist das geistige Prinzip, das Christusselbst, das wahre Selbst im Menschen noch latent, wie eine geschlossene Rosenknospe, und ans Kreuz der Materie und der diesseitigen Persönlichkeit geheftet. Die Persönlichkeit besteht derzeit aus einem sich selbst behauptenden Ich – der Vertikalen des Kreuzes – und ichbezogenen Interessen – der Horizontalen des Kreuzes. Im Herzen des Menschen schneiden sich diese zwei Hauptströme seines diesseitigen, auf die Materie gerichteten Lebens.

Treten aber die kosmischen Christuskräfte ins Herz ein, dort, wo sich das individuelle Christusprinzip, der Geistfunke, befindet, so beginnt dieser Mensch einen Weg der inneren Veränderung bis hin zur Transfiguration: Die Rosenknospe entfaltet sich zur Blüte. Das geistige Prinzip wird wach, wirksam und schließlich bewußt. Der vertikale Balken des Kreuzes der Persönlichkeit wird für die vertikalen Einströmungen des kosmischen Christusgeistes geöffnet. Sie ersetzen allmählich das alte, sich selbst behauptende Ich und durchkreuzen die dem

Ich dienenden, aufs Diesseits und Jenseits gerichteten „horizontalen" Interessen.

Dieser Prozeß setzt sich so lange fort, bis das „Kreuz" total umgewandelt und die Persönlichkeit transfiguriert ist. Die Rose ist dann voll erblüht, der „tote", im Menschen „begrabene" Christus, das wahre Selbst, wieder auferstanden. Es besitzt eine unsterbliche, transfigurierte, auferstandene Persönlichkeit als Instrumentarium, das die geistigen – „vertikalen" – Kräfte bewußt empfängt und sie im Dienst der Menschheit liebend, ohne Eigeninteressen, „horizontal" austeilt. Diesen Weg geht der Schüler vom Anfang bis zum Ende zwar in den Christuskräften und mit ihrer Hilfe, aber in selbständiger Einsicht, die er im praktischen Leben verwirklicht.

Die Formel „Christian Rosenkreuz" enthält somit den Kern aller Religionen. Doch ist dieser Kern hier zur vollen Reife des esoterischen Christentums geführt: Die Aufgabe der Menschheit kann jetzt in allen Aspekten und vollständig durchgeführt werden. Nicht nur die feinstofflichen Welten und die feinstofflichen Körper des Menschen, also Denken, Fühlen und Wollen, können vom Christusimpuls ergriffen und verwandelt werden, sondern diese Verwandlung geschieht bis in die Materie und den grobstofflichen Körper hinein. Es entsteht sowohl ein neuer Himmel – eine neue feinstoffliche Welt –, als auch eine neue Erde – eine neue materielle Welt.[43] Und dies alles wird möglich unter den besonderen Lebensbedingungen des heutigen Menschen, der über eine in der stofflichen, materiellen Welt bewußte, selbstverantwortliche Individualität verfügt.

Die historischen Rosenkreuzer

Das Prinzip „Christian Rosenkreuz" beschreibt den aktuellen Zustand des „atmosphärischen Geistfeldes", das sich seit etwa Mitte des 19. Jahrhunderts unmittelbar mit der Menschheit verbunden hat. Es enthält in sich die Summe und Konzentration der bisherigen Entwicklungen dieses Geistfeldes. Wenn sich ein Mensch von unten her, aus der sich in der Sinnenwelt entwickelnden Menschheit heraus, für dieses Prinzip öffnet und die damit korrespondierende geistige Anlage im eigenen Wesen entfaltet, wird es ihm immer bewußter und kann er schließlich auch daraus wirken. Jan Leene, Z.W. Leene und Henny Stok-Huizer waren Menschen, in denen sich dieser Prozeß vollzog.

Aber ein Mensch, in dem sich ein solcher geistiger Impuls manifestiert, wird immer auch frühere Wirkungen dieses Impulses in der Menschheitsgeschichte aufzuspüren und eine Verbindung zu ihnen herzustellen suchen. Er schöpft einerseits direkt aus dem Impuls des Geistfeldes, sucht aber auch eine äußere Bestätigung dieses Impulses, indem er an dessen Spuren in der materiellen Welt anknüpft.

Die klassischen Rosenkreuzerschriften

Unter anderem in den Rosenkreuzerschriften vom Anfang des 17. Jahrhunderts[44] wurden für Jan van Rijckenborgh diese Traditionen konkret äußerlich faßbar. In der „Fama Fraternitatis" entdeckte er das Programm zur Verwirklichung des geistigen Prinzips – der Formel „Christian Rosenkreuz" – in Leben und Gesellschaft und die daraus ableitbaren Zielvorgaben. In der „Confessio Fraternitatis" erkannte er die theoretische Ausformulierung dieses Prinzips. Und in der „Alchimischen Hochzeit des Christian Rosenkreuz" fand er den Weg zu diesem Ziel beschrieben: die Aufnahme, Umsetzung und Verwirklichung des geistigen Impulses bis zur Vereinigung von Geist und erneuertem Bewußtsein – der „alchimischen Hochzeit" – und schließlich zur Transfiguration, dem daraus folgenden Aufbau einer neuen Persönlichkeit.

Geschichtlichkeit des Christian Rosenkreuz?

Man hat oft gefragt, ob sich, da dieser geistige Impuls in Gestalt der Rosenkreuzerschriften konkrete historische Formen annahm, wohl auch das Prinzip selbst: „Christian Rosenkreuz", in einer konkreten historischen Persönlichkeit verkörpert habe. Rudolf Steiner beispielsweise bejaht diese Frage und stellt seinen Hörern einen konkreten Menschen mit konkreten Lebensdaten vor (die Rosenkreuzerschriften geben den Zeitraum von 1378-1484 an), der jedoch nicht mit bürgerlichem Namen Christian Rosenkreuz geheißen haben muß. Rudolf Steiner führt als Ergebnis seiner geisteswissenschaftlichen Forschungen auch eine Reihe von geschichtlichen Persönlichkeiten an, die frühere und spätere Inkarnationen des Christian Rosenkreuz gewesen seien. Er sei ein Mensch gewesen, der das Leben Jesu aus nächster Nähe mitbeteiligt erlebt habe. Andererseits kommt C. Gilly, der wohl beste Kenner der historischen Rosenkreuzerschriften und der damit verbundenen Problematik zu dem Ergebnis: „Einen Christian Rosenkreuz aus dem 14./15. Jahrhundert hat es nicht gegeben"[45], was jedoch nur besagt, daß es nach heutigen Erkenntnissen einen Menschen mit bürgerlichem Namen Christian Rosenkreuz nicht gegeben hat.

Solche Versuche, gehen sie nach den Methoden geisteswissenschaftlich-esoterischer oder wissenschaftlich-historischer Forschung vor, sind doch immer subjektiv, von manchen Unwägbarkeiten abhängig und ermangeln daher der letzten Sicherheit. Weit sicherer ist andererseits der deduktive Weg. Wenn ein geistiger Impuls irgendeiner Art in der geschichtlichen Menschheit wirken soll, muß es Menschen geben, die ihn konkret umsetzen und in der Menschheit verankern, nicht nur, indem sie ihn philosophisch vertreten, sondern auch, indem sie ihn leiblich verkörpern. Es muß also Menschen gegeben haben, die das Prinzip Christian Rosenkreuz verkörpert haben.

Und warum soll sich in der Gruppe, in der die Rosenkreuzerschriften Anfang des 17. Jahrhunderts entstanden, nicht eine solche Verkörperung befunden haben? Man nennt diese Gruppe den „Tübinger Kreis". Das geistige Haupt und die inspirierende Kraft dieses Kreises war der Mediziner und Jurist Tobias Hess (1558-1614). Er also war zumindest ein damaliger Repräsentant des Prinzips „Christian Rosenkreuz". In diesem Sinn fragt Jost R. Ritman: „Liegen Tobias Hess und Vater Bruder Christian Rosenkreuz hier nicht als der Prototyp der wahren Christusnachfolge auf einer Linie?"[46] Hess' nächste Mitarbeiter waren Christoph Besold (1577-1638) und Johann Valentin Andreae (1586-1654). Letzterer gilt als der eigentliche Verfasser der genannten Rosenkreuzerschriften, was aber nicht schon bedeutet, daß er die darin niedergelegten Erfahrungen und Erkenntnisse aus erster Hand besaß. Die inspirierende Quelle war Tobias Hess. Die Gruppe um ihn war entweder bis zu einem gewissen Grad selbständig zu solchen Erfahrungen fähig oder hatte an seinen Erfahrungen und Erkenntnissen teil. Andreae, der vielleicht über die beste Formulierungsgabe in diesem Kreis verfügte, wurde dann dazu ausersehen, die gemeinsamen Erkenntnisse und Erfahrungen zu artikulieren. Insofern spricht das jugendliche Alter, in dem er sich bei der Abfassung befunden hat, keineswegs gegen seine Autorschaft.

Nach Rudolf Steiner hat sich Christian Rosenkreuz seit dem 14. Jahrhundert alle hundert Jahre bis zur Gegenwart wieder verkörpert. Und Jan van Rijckenborgh schreibt. „Wir werden dieser Methode [der historischen Forschung] nicht folgen, obwohl wir Ihnen sagen müssen, daß es Christian Rosenkreuz gegeben hat, daß wir Menschen kennen, die seine Zeitgenossen waren, ihn gesehen und unmittelbar neben ihm gelebt haben. Es gibt Menschen, die eng mit ihm verbunden sind."[47]

Ein klassischer Orden vom Rosenkreuz?

Gab es damals, Anfang des 17. Jahrhunderts, einen geheimen Orden vom Rosenkreuz?

Man hat viele Spuren verfolgt und keinen solchen Orden entdecken können. Trotzdem ist es berechtigt, schon damals von einem Rosenkreuzer-Orden zu sprechen, und wenn die Autoren der Schriften im Namen dieses Ordens auftraten, so war das keine Anmaßung oder Irreführung. Denn alle, die damals „synchron" aus der geistigen Quelle Christian Rosenkreuz schöpften, waren auf geistiger Ebene miteinander verbunden. John Dee und Robert Fludd in England, Jakob Böhme,

Adam Haslmayr, Michael Maier in Deutschland, später Amos Comenius in Böhmen und Holland – sie alle waren Vertreter dieses großen Impulses im Zeichen des Christian Rosenkreuz. Alle kannten auch den großen Arzt und Philosophen Paracelsus (1493 - 1541) und beriefen sich auf ihn als ihren Vorläufer. Die „Fama Fraternitatis" widmet Paracelsus ein ganzes Kapitel und zeigt, daß er seinen Erfahrungen und seinem Denken nach als Rosenkreuzer gelten kann. Auch er darf also der geistigen Quelle „Christian Rosenkreuz" zugerechnet werden, wenngleich er hundert Jahre, bevor der „Orden vom Rosenkreuz" an die Öffentlichkeit trat, lebte.

Der Kreis um Tobias Hess plante gewiß, diese geistige Verbundenheit im Zeichen des Christian Rosenkreuz durch eine konkrete Organisation noch wirksamer werden zu lassen. Doch löste die Veröffentlichung der Rosenkreuzermanifeste ein gewaltiges „Chaos von Meinungen über Existenz, Sinn und Zweck" der angeblichen Bruderschaft vom Rosenkreuz aus. Allein zwischen 1614 und 1623 erschienen 330 Schriften über das Rosenkreuz. Nicht zuletzt bezeichneten sich auch Scharlatane und Aufschneider als Brüder vom Rosenkreuz und brachten so den Orden und seine Ziele in Verruf. Es gab neben ernsthaften Wahrheitssuchern, die sehnlich Anschluß an den von der „Fama" verkündeten Bund suchten, zu viele Menschen, die sich von einem solchen Weg persönliche Vorteile und Entwicklung okkulter Fähigkeiten versprachen. Wären diese Menschen, „schamlose Komödianten", die die „Fama" verraten und verdorben hatten (Andreae), in einer zu errichtenden Organisation bestimmend geworden, so hätten sich Ziel und Weg des Rosenkreuzes schnell ins Gegenteil verkehrt.

Dies dürfte J. V. Andreae, der nach dem Tod von Tobias Hess (1614) weitgehend als Verfasser der Manifeste identifiziert wurde, bewogen haben, sich von diesen Schriften mehr oder weniger eindeutig zu distanzieren. Aber von dem darin niedergelegten inhaltlichen Programm rückte er niemals ab. Und 1620 versuchte er eine wirkliche Bruderschaft unter dem

Johann Valentin Andreae (1586 - 1654), Mitverfasser der drei Rosenkreuzermanifeste: „Fama Fraternitatis" (1614), „Confessio Fraternitatis" (1615) und „Chymische Hochzeit von Christian Rosenkreuz" (1616)

Namen „Societas Christiana" ins Leben zu rufen. Er kleidete also, wie C. Gilly sagt, „aus Sicherheitsgründen" „sein altes Programm in eine neue Form"[48]: „So lasse ich diese Bruderschaft zwar fahren, doch niemals die wahre christliche Bruderschaft, die unter dem Kreuz nach Rosen duftet", schrieb er im „Turris Babel" (1619). Es waren allein die Wirren des 30jährigen Krieges, die einen solchen Versuch praktisch aussichtslos machten. Und nach Kriegsausbruch verlangten die Umstände eine Konzentration der Energien auf das Nächstliegende: die Not des Krieges zu lindern. Es wäre unrecht gewesen, die Augen vor der aktuellen Not zu verschließen. Deshalb der bewundernswerte Opfermut Andreaes, der z.B. als Superintendent von Calw tatkräftig die Verheerungen des Krieges beseitigte und Neues aufbaute.

Die „Societas Christiana" sollte, so war der Plan gewesen, als äußere Organisation umfassend auf Wissenschaft, Kultur und Religion und dadurch mittelbar auch auf Gesellschaft und Politik einwirken. Das war ganz im Sinn der „Fama Fraternitatis", die von der großen Weltreformation im Zeichen des Prinzips „Christian Rosenkreuz" gesprochen hatte. Vertreter der Wissenschaft, Kultur und Religion, aber auch der Politik und Gesellschaft hätten in einer solchen Organisation ihren Platz finden können. Daß allerdings die Gruppe um Tobias Hess in dieser Hinsicht ihre Hoffnungen auf den „Winterkönig", Friedrich V. von der Pfalz, gesetzt habe, ja daß John Dee und England eine Hauptrolle bei der Entwicklung der Rosenkreuzerbewegung gespielt hätten, ist nach dem gegenwärtigen Stand der Forschung eine Fiktion.[49]

Die Katharer

Eine weitere Wurzel der neuen, von Jan Leene, Z.W. Leene und Henny Stok-Huizer ins Leben gerufenen Rosenkreuzerbewegung war der Katharismus. Im Feld des Geistes sind wie Glieder einer Kette alle geistigen Vermächtnisse der Bruderschaften enthalten, die je für die Menschheit gewirkt haben. Beim Aufbau einer neuen Gemeinschaft dieser Art ist wesentlich, daß sie bewußt, sowohl innerlich-spirituell als auch in äußerlicher Tradition, an das jeweils letzte Glied dieser Kette anknüpft, um einerseits aus den Kräften der ganzen Kette gespeist zu werden und andererseits deren Impulse fortzuführen.

Lehre und Weg der Katharer

Die Katharer-Albigenser waren in Europa die letzte spirituelle Gemeinschaft gewesen, die über eine große, internationale Organisation verfügte. Sie waren vom Ende des 11. bis Ende des 13. Jahrhunderts in vielen Gebieten Europas verbreitet, besonders in Norditalien, Südfrankreich und weiter hinauf im Norden bis Holland und Norddeutschland. Von den südfranzösischen Katharern sind nur zwei Schriften erhalten: die „Interrogatio Johannis"[50] und ein „Ritual"[50]. Die „Interrogatio Johannis" ist mit großer Wahrscheinlichkeit bogomilischen Ursprungs. Die Bogomilen waren ebenfalls eine Gemeinschaft, die auf christlicher Grundlage nach einer spirituellen Existenz, frei von innerer Gebundenheit an Diesseits und Jenseits, strebte. Sie waren schon jahrhundertelang auf dem Balkan wirksam und führten manichäische Traditionen fort. Über Norditalien übten sie großen Einfluß auf den Katharismus aus, wenn sie nicht überhaupt die entscheidenden Anstöße zu seiner Entstehung und Weiterentwicklung gegeben hatten.

Die „Interrogatio Johannis" ist ein Beispiel und Beweis für ihren Einfluß. Aus ihr läßt sich die weltanschaulich-philosophische Grundlage der Katharer ablesen. Sie gingen wie die modernen Rosenkreuzer um Jan van Rijckenborgh davon aus, daß der Ursprung alles Seins eine geistige Ordnung und Kraft sind, die sich mittels seelischer Kräfte in materiellen Formen offenbaren. Wenn dieser Offenbarungsprozeß harmonisch verläuft, sind die materiellen Formen reiner Ausdruck des Geistes. Das Außen entspricht dann dem Innen. Doch wurde die Weltenharmonie gestört, als sich im seelischen Bereich selbstbehauptende Kräfte – bei den Katharern „Luzifer" genannt – bemerkbar machten und von der Geistwelt abtrennten. Seitdem dominieren diese Kräfte in Welt und Menschheit und verhindern die Wirksamkeit des Geistes im Menschen.

Es gibt aber einen Weg, der diese Störung wieder rückgängig macht. Dieser Weg geht aus dem „Ritual" der Katharer hervor. Es kommt zunächst darauf an, daß sich der latente Geist im Menschen, der Lichtfunke, überhaupt wieder bemerkbar macht. Er macht sich in Form einer Ahnung oder Erkenntnis bemerkbar, daß der gegenwärtige Zustand von Welt und Menschheit der einer Störung der ursprünglichen Harmonie ist. Aus einer solchen Erkenntnis folgt eine Lebenspraxis der bewußten Selbstbefreiung von den Verstrickungen in Diesseits und Jenseits. Das war der erste Abschnitt des Weges der Katharer: Reinigung und Läuterung auf der Basis des Geistprinzips im Menschen. Der zweite Abschnitt begann, wenn die Verbindung zwischen der Welt des Geistes und dem spirituellen Prinzip im Menschen wiederhergestellt war. Diese Verbindung wurde bei den Katharern durch das Consolamentum symbolisiert: Der heilige Geist wurde vom Schüler empfangen. Jetzt konnte und mußte der endgültige Abschied von jeder inneren Gebundenheit an Diesseits und Jenseits erfolgen. Und es konnten die Liebe, Einheit und Freiheit des wahren Selbst, des bisher latenten Lichtprinzips, wieder wirksam werden.

Diese bewußte Auflösung der Selbstbehauptung, des Prinzips des vergänglichen Lebens, in den Kräften des wahren Selbst, das durch diesen Prozeß wieder zum Vorschein kam und aktiv wurde, nannten die Katharer die „Endura". Sie wurde damals durch äußere Verhaltensweisen wie sexuelle Enthaltsamkeit und Fasten unterstützt.

Kirchlicherseits aber verstand man nicht, daß die Auferstehung des wahren Wesens des Menschen nur möglich ist, wenn das unwahre Wesen, das Leben in Selbstbehauptung, prozeßmäßig „untergeht". Man mißverstand die „Endura" als physischen Selbstmord, durch den die Katharer sich auf kürzestem

Weg ins Paradies zu bringen hofften. Man glaubte auch später noch, diese Auffassung durch Inquisitionsprotokolle belegen zu können, die davon berichten, daß sich Katharer nach Empfang des Consolamentums hätten verhungern lassen. Aus dem katharischen „Ritual" geht aber klar hervor, daß mit der Endura der „Tod" des unwahren Wesens des Menschen, der Selbstbehauptung und Ichbezogenheit, gemeint war. Sollten wirklich einzelne Katharer geglaubt haben, durch übermäßiges Fasten physischen Selbstmord begehen zu müssen, so war das ihrerseits ein Mißverständnis.

Der Weg der Katharer vollzog sich, was damals noch sinnvoll war, in Form eines zunächst totalen Rückzugs von der Welt. Später allerdings, wenn sie auf ihrem spirituellen Weg im Grund des Geistes Wurzel geschlagen hatten, wandten sie sich wieder der Welt zu und zogen lehrend und heilend durchs Land. Ihr Abschied von den Verstrickungen in die Welt war in der Tat kompromißlos und radikal.

Das heißt jedoch nicht, daß sie „dualistisch" dachten, wie man ihnen immer wieder unterstellt hat. Sie stellten zwar die von Selbstbehauptung durchsetzte und regierte Welt der Erscheinungen schroff der des Geistes gegenüber. Doch war auch die Welt der Materie einst aus dem Geist hervorgegangen und würde, wenn das Prinzip der Selbstbehauptung aufgelöst war, wieder von ihr durchdrungen sein und ihr Ausdruck geben.

Ende der Katharer

Da damals die Kirche stark von Macht-, Besitz- und Geltungsstreben bestimmt war, mußten ihr das Weltbild und der Weg der Katharer als feindliche Herausforderung erscheinen. Sie sah sich in ihrem Machtanspruch, ihrem Einfluß auf die Menschen und ihrer Selbstgeltung bedroht, woraus sich ihr Verhalten den Katharern gegenüber erklärt. Es kam zu Verfolgung, Einsetzung von Ketzergerichten, erstmaliger Etablierung einer Inquisition und schließlich zu einem Kreuzzug gegen die „Ketzer", der mit der grausamen Vernichtung dieser „Reinen"[51] endete. Den Schlußpunkt setzte die Verbrennung von 205 „Parfaits", nachdem ihr letzter Zufluchtsort, Burg Montségur, 1244 unhaltbar geworden war. Mit der Kirche verbündet war der französische Staat, der mit diesem Kreuzzug eigene politische Interessen verfolgte. Der französische König sah in dem Konflikt die willkommene Gelegenheit, die Herrschaft der Krone auf den noch relativ selbständigen französischen Süden auszudehnen.[52]

Antonin Gadal

Catharose de Petri und Jan van Rijckenborgh reisten auf ihrer Suche nach übriggebliebenen Spuren des Katharismus ab 1946 mehrere Male nach Südfrankreich. 1956 begegneten sie dort Antonin Gadal, der sich als letzten Patriarchen der Katharer in einer insgeheim durch die Jahrhunderte reichenden Überlieferungskette zu erkennen gab. A. Gadal bestätigte Catharose de Petri und Jan van Rijckenborgh, was ihnen durch ihre eigenen Erfahrungen bereits klargeworden war.[53]

Wie die Katharer hatten sie erkannt, daß die ursprüngliche Harmonie zwischen der Welt des Geistes und der dialektischen Welt des Diesseits und Jenseits dadurch zerrissen worden war, daß sich die Seele des Menschen gegen den Geist empört hatte. So war die Welt der Materie zu einer Hölle widerstreitender Interessen und Konflikte geworden. Und alle Harmoniebestrebungen in dieser Welt sind nur unzureichende Pflaster auf die blutenden Wunden, solange das Grundübel: die Selbstbehauptung im Menschen, nicht beseitigt ist.

Harmoniebestrebungen, die unter Beibehaltung der Selbstbehauptung unternommen werden, ja von ihr ausgehen, können unmöglich zum Ziel führen. Es ist unmöglich, durch Glättung der Unebenheiten und „Fortentwicklung" der materiellen Welt gleichsam von unten nach oben in die Welt des Geistes vorzudringen. Man muß die Endura, die Auflösung der Selbstbehauptung, radikal vollziehen. Erst dadurch kann der Geist von oben nach unten wirken, Konflikte und Disharmonie auflösen und später den Menschen zu einem Neuaufbau seiner Persönlichkeit und Welt befähigen.

Diese Erkenntnis und Erfahrung – daß es von unten nach oben, das heißt durch Fortentwicklung des irdischen Menschen, keine Brücke gibt, daß stattdessen die Brücke nur von oben nach unten errichtet werden kann und muß, war und blieb eine der zentralen Aussagen Catharose de Petris und Jan van Rijckenborghs, die das Leben und den Weg der Schule des Rosenkreuzes entscheidend bestimmte und bestimmt.

Tief ins Bewußtsein der Leiter des Lectorium Rosicrucianum brannte sich auch die Geschichte der Katharer ein. Die Kirche hatte gegenüber dieser Bewegung kompromißlose Feindschaft und Vernichtungswillen an den Tag gelegt. Äußerlich gesehen endete der Katharismus in einem Meer von Blut. Darin kam für van Rijckenborgh eine Gesetzmäßigkeit zum Ausdruck, die er ebenfalls immer wieder explizierte. Wenn ein Mensch oder eine Gruppe von Menschen sich auf die ursprüngliche Geistbestimmung des Menschen besinnen und aus ihrer durch Selbstbehauptung bestimmten politischen und religiösen Welt lösen wollen, wird diese ihren „Besitz" nicht freiwillig aufgeben. Sie wird gewalttätig werden, eventuell bis zur Vernichtung der Wahrheits- und Freiheitssucher. So war es durch die gesamte Weltgeschichte hin gewesen. Man brauchte nur zu betrachten, wie z.B. Jesus durch die politischen und religiösen Institutionen seiner Zeit behandelt wurde, und wie dann die junge, sich organisierende und zu einem Machtapparat werdende Kirche etwa Manichäer und Gnostiker verfolgte.

Gelegentliche scharfe Äußerungen van Rijckenborghs über die Kirche in Büchern und Vorträgen beziehen sich auf diese geschichtlichen Tatsachen und diese Gesetzmäßigkeit. Er prangert damit die Institution an, soweit sie als Organ des Besitz-, Geltungs- und Machttriebs Menschen verfolgt, die diesen Besitz-, Geltungs- und Machttrieb in der Einheit, Freiheit und Liebe des Geistes auflösen wollen. Gleichzeitig jedoch weist er immer darauf hin, daß die gleiche Gesetzmäßigkeit nicht

Der Alchimist. Abbildung aus Manley Peter Hall (Hrsg.) „Codex Rosae Crucis", Los Angeles 1938

nur in der äußeren Welt, sondern auch in jedem einzelnen Menschen und auch in jedem Schüler auf dem spirituellen Weg wirksam ist. In jedem Einzelnen, der diesen Weg gehen will, meldet sich die Selbstbehauptung umso stärker und versucht die Impulse des wahren Selbst zu vernichten. Es wäre allzu bequem, das „Böse" nur draußen suchen und sich selbstgerecht von ihm abgrenzen zu wollen. Zuerst muß es im eigenen Innern entdeckt und überwunden werden.

Freimaurerei und Alchimie

In den Rosenkreuzerschriften war van Rijckenborgh auf freimaurerische Symbole und die Alchimie, weitere Wurzeln der Philosophie des Rosenkreuzes, gestoßen.

Freimaurerei

Die Freimaurersymbolik wurde von ihm immer wieder zur Beschreibung des spirituellen Weges herangezogen. Das Ziel jedes Schülers ist es, zum „lebendigen Baustein" im geistigen Tempel sowohl der Geistesschule als auch der gesamten Menschheit zu werden. Er wird alle Ecken und Kanten des Steins abschleifen, nämlich seine ganze Ichbezogenheit beseitigen, damit das wahre geistige Selbst sich gut in die Struktur der geistigen Welt einfügt. Auch als einzelner Mensch will er wieder zu einem vollständigen Tempel werden, in dem der Geist wohnen kann. Er wird also selbstverantwortliche, bewußte „Freimaurerarbeit" verrichten, um sich „frei" zu mauern: das wahre geistige Selbst den Verstrickungen in Diesseits und Jenseits zu entziehen und aus den Kräften des Geistes eine neue Persönlichkeit, einen neuen Tempel, aufzubauen.

Sowohl der Tempel des einzelnen Menschen als auch der Menschheitstempel können nur auf dem „Eckstein" Jesus Christus, auf der Kraft und in der Kraft des Geistes, und im Licht, im neuen geistigen Bewußtsein, errichtet werden. Bei dieser Arbeit steht der Schüler „auf dem vierfachen Teppich": Er führt ein mental, empfindungsmäßig, willensmäßig und handelnd auf seine Aufgabe ausgerichtetes Leben.

Alchimie

Die Alchimie war im Mittelalter und noch bis ins 18. Jahrhundert hinein die allgemein verbreitete Symbolsprache gewesen, mit der sich esoterische Forscher über esoterische Wahrheiten verständigten. Wenn nach der Wahrheit des Geistes Suchende alchimistische Experimente durchführten, dann im wesentlichen deshalb, um sich seelisch-geistige Prozesse im Innern des Menschen durch äußerlich sichtbare Vorgänge im Reich der Metalle und Minerale symbolisch vor Augen zu stellen. Das Bestreben, physisches Gold zu machen, war eine materialistische Verflachung, ein Mißverständnis.

Durch die Einbeziehung der Symbole der Alchimie, die besonders im arabischen Kulturkreis zur Entfaltung gekommen war, verband sich die entstehende moderne Rosenkreuzergemeinschaft mit einem weiteren, zeitlich noch vor den Katharern liegenden Glied der bruderschaftlichen Kette: der arabischen Mysterien-Tradition. Nicht umsonst reist Christian Rosenkreuz in der „Fama Fraternitatis" in die arabische Welt, z. B. nach Damaskus und Fez, trifft die dortigen Weisen und nimmt ihre Weisheit in sich auf. Damit wird symbolisch zum Ausdruck gebracht, daß der Rosenkreuzerimpuls auch aus der arabischen, der Mysterien-Tradition des Sufismus, lebt.

Zentrale Themen der Alchimie waren erstens, aus Blei Gold zu machen, und zweitens, die „alchimische Hochzeit" zwischen Braut und Bräutigam, Königin und König zu feiern. Aus Blei Gold machen: Der jetzige Mensch ist eine Persönlichkeit, die von Selbstbehauptung geprägt ist und deshalb im Vergleich zum ursprünglichen Zustand degeneriert und träge ist wie Blei. Sie ist aus den Gesetzen und Kräften der Materie aufgebaut und kein geschmeidiges Instrument des Geistes mehr, im Gegenteil, sie behindert ihn. Die menschliche Persönlichkeit aber, wie sie sein sollte, ist frei von Selbstbehauptung und ein reines, klares Instrument des Geistes. Sie ist „Gold". Wenn die Alchimisten aus Blei Gold machen wollten, so hieß das, daß die materieabhängige Persönlichkeit zu einer vom Geist durchdrungenen Persönlichkeit transfiguriert werden sollte. Das geschah in drei Phasen: „Auflösung" des Bleis, Rückführung in den Urzustand des Metalls an sich, die „prima materia", und Aufbau des Goldes aus der prima materia. Die Selbstbehauptung der Persönlichkeit wird aufgelöst, der Urzustand der aus dem Geist lebenden Seele wiederhergestellt, und aus diesem Urzustand ersteht die neue Persönlichkeit, vom Geist durchdrungen, auf.[54]

Das zweite große Thema der Alchimie, das in der Philosophie des modernen Rosenkreuzes eine beträchtliche Rolle spielt, ist das der „alchimischen Hochzeit" zwischen König und Königin, zwischen Geist und erneuerter Seele im Menschen. Diese Hochzeit ist die Voraussetzung für die Transfiguration. Gemeint ist, daß in einer von aller Selbstbehauptung gereinigten Persönlichkeit eine Seele entsteht, die nicht von grobstofflicher und feinstofflicher Welt, sondern von der Geistwelt bestimmt wird. Diese Seele, die Königin, wird, je mehr die Kräfte und Strukturen des Geistes in ihr wirksam werden, ein Bewußtsein entwickeln, das in der Lage ist, die in ihr wirkenden Kräfte und Strukturen des Geistes, des Königs, zu erfassen. Dann wird sie bewußt von diesen Kräften durchdrungen und erfüllt – was als „alchimische Hochzeit" bezeichnet wird. Nach den Worten des Paulus in der Bibel erkennt dann die Seele, gleich wie sie erkannt wird, und sieht „von Angesicht zu Angesicht".[55] Die alchimische Hochzeit ist die Einsenkung des Christus, des Geistes, in Jesus, die dazu bereitgewordene Seele. Von da an ist der betreffende Mensch, der bewußt den Geist empfängt und aus ihm lebt, eine Quelle geworden, aus der der Geist für andere sprudelt. Aus seinen neuen, auf den Geist abgestimmten Gedanken, Gefühlen, Willensimpulsen und Handlungen baut sich die neue, vom Geist durchdrungene, transfigurierte, auferstandene Persönlichkeit auf. In der „Alchimischen Hochzeit von Christian Rosenkreuz" schreibt Jan van Rijckenborgh hierzu: „Und jetzt wird in der Erzählung von

Christian Rosenkreuz die Geistseele offenbar, die Transfiguration wird vollzogen, das neue Allgegenwärtigkeitsbewußtsein läßt Christian Rosenkreuz in die Lebensfelder des lebendigen Seelenzustandes eintreten. Dies bedeutet: in die Bewußtseinsfelder, die unser dreidimensionales Bewußtsein weit übersteigen und wohin dieses Bewußtsein Christian Rosenkreuz nicht folgen kann."[56]

Verhältnis der Geschlechter

Die Zusammenarbeit zwischen Geist und Seele rückt einen Sachverhalt ins Blickfeld, der sowohl für das Leben in der Materie als auch für den spirituellen Weg und die Wirksamkeit des geistigen Menschen von großer Bedeutung ist: das Verhältnis der „Geschlechter". In der materiellen Welt tritt der Mensch in zwei Gestalten auf: Als Mann und als Frau. Beide besitzen eine von Selbstbehauptung bestimmte Persönlichkeit, die jedoch jeweils unterschiedlich „gepolt" ist. Der Mann ist biologisch-körperlich aktiv, die Frau biologisch-körperlich passiv. In ihren feinstofflichen Körpern vertauschen sich diese Funktionen. Zusammengefaßt könnte man sagen, daß die Frau eher Empfindungen entwickelt und Anregungen zu Gedanken gibt, während der Mann eher Anregung zu Empfindungen gibt und Gedanken entwickelt. Herz und Haupt, Empfindung und Denken, stehen im Menschen polar zueinander und verhalten sich beim Mann wie plus zu minus, bei der Frau wie minus zu plus. Wegen dieser unterschiedlichen Polung ziehen sich die Geschlechter an.

Sowohl Mann als Frau werden auf dem spirituellen Weg zur alchimischen Hochzeit gelangen: In beiden baut sich auf diesem Weg eine vom Geist durchdrungene Seele auf, die eines Tages den Geist bewußt erfährt. Geist und Seele[57], „König" und „Königin", sind ebenfalls Faktoren unterschiedlicher Polung und zwar im einzelnen Menschen, sei es Mann oder Frau. Solange diese beiden Faktoren latent sind und nur die sich selbst behauptende Persönlichkeit wirksam ist, lebt der Mensch lediglich aus dieser Persönlichkeit, fühlt sich halb und fühlt sich zum anderen Pol, dem anderen Geschlecht, hingezogen. Werden aber diese beiden Faktoren, geistdurchdrungene Seele und Geist in einem Menschen, sei es Mann, sei es Frau, wieder wirksam, so befindet er sich im Zustand des aus der Latenz erwachten Ebenbildes Gottes und ist autark, eine Ganzheit. Er braucht nichts ihm Fehlendes im anderen Geschlechtspartner zu suchen. Was ihm fehlte, lebendig gewordener Geist und Seele, ist in ihm wieder vorhanden, und die transfigurierte Persönlichkeit ist Ausdruck dieser autarken Zweieinheit, Ausdruck von „König" und „Königin", die „Hochzeit" gemacht haben.

Dennoch gibt es auch bei diesem autarken Menschen zwei Typen: den geistigen, autarken „Mann" und die geistige, autarke „Frau". Denn, so schreibt van Rijckenborgh in der „Elementaren Philosophie des modernen Rosenkreuzes", „es ist eine wissenschaftliche Tatsache, daß die fundamentalen Unterschiede, die organisch, sogar bis in die Zellen hinein, in den Körpern von Mann und Frau vorhanden sind, auch in den Seelengestalten, in den Geistgestalten und in den Urtypen da sind, daß diese Unterschiede also auch in den monadischen Prinzipien und im Gottesplan enthalten sind. Dies könnte auch gar nicht anders sein, da alles, was ist, vom Geist her zur Offenbarung gelangt. Somit stellen wir fest, daß da ist:

eine göttliche Schöpfung Mann,

eine göttliche Schöpfung Frau,

und daß diese beiden Aspekte miteinander die menschliche Lebenswelle bilden."[58] Im geistigen Mann wirkt der Geist, die aktive Kraft, nach außen, und die Seele, Liebe und Hingabe, ist innen. In der geistigen Frau ist der Geist als aktive Kraft im Innern, und die Seele, Liebe und Hingabe, wirkt nach außen. Beide Typen sind also autark, da beide Pole in ihnen zusammenwirken. Beide haben eine transfigurierte Persönlichkeit, die Ausdruck dieser vereinigten Zweipoligkeit ist. Trotzdem sind sie zwei verschiedene Ausprägungen des Menschlichen. Als solche können und werden sie gleichberechtigt zusammenarbeiten. „Diese erlösende Zusammenarbeit nennen wir das kosmische ‚Zwei-Eins-Sein'."[59]

Daraus ergeben sich für den spirituellen Weg Konsequenzen: Denn schon auf dem Weg selbst werden beide Geschlechter gleichberechtigt auf der Ebene von Geist und Seele zusammenarbeiten. Erst recht ergeben sich Konsequenzen für die wieder autark gewordenen Menschen, die, da in zweifacher Ausprägung vorhanden, in der Welt des Geistes zusammenarbeiten. Die Zusammenarbeit Jan van Rijckenborghs und Catharose de Petris ist ein Beispiel für diese neue Kooperation. Stets hat van Rijckenborgh betont, daß ein spiritueller Weg nur zum Ziel führen kann, wenn sowohl Mann als auch Frau zur inneren Autarkie gelangen, um dann, autark geworden, auf neuer Ebene zusammenzuarbeiten.

Die Gnosis

Als Stammvater der Alchimie galt bei den mittelalterlichen Alchimisten „Hermes Trismegistos", „Hermes, der dreimal Größte": Groß dem Geist, der Geistseele und der vom Geist durchdrungenen Persönlichkeit nach. Über Hermes Trismegistos, eine legendäre Gestalt der ägyptischen Mysterien, kam van Rijckenborgh zu den gnostischen hermetischen Schriften und zur Gnosis allgemein. 1961 - 1966 erschien seine 4-bändige Interpretation der hermetischen Schriften unter dem Titel „Die ägyptische Urgnosis". Die Gnosis ist eine weitere entscheidende Wurzel der Geistesschule des Rosenkreuzes.

Man wird die historische Gnosis nur angemessen verstehen können, wenn man sie als Erneuerung und Vertiefung der vorchristlichen Mysterientraditionen des Mittelmeerraums im Zeichen des ursprünglichen Christentums begreift. Die historische Gnosis ist tatsächlich der Impuls des ursprünglichen Christentums und seine kontinuierliche Fortsetzung, unter Einbeziehung der Traditionen der Mysterienschulen des Mittelmeerraums, die durch den Christusimpuls neu belebt und in diesen Impuls mit aufgenommen wurden.[60]

Aber Gnosis ist nicht nur eine historische Bewegung. In dieser Bewegung zeigte sich vielmehr besonders deutlich eine zeitlose existentielle Erfahrung, ein Einweihungsweg, der zu allen Zeiten und an allen Orten erlebt werden kann. „Gnosis" heißt Erkenntnis. Als solche ist sie kein Glaubenssystem und kein erlernbares Wissen, sondern aus dem Innern des Menschen aufsteigende Einsicht: Bewußtwerdung seines wahren Wesens.

Nichts anderes ist der auch von Jesus vorgezeichnete Weg: Bewußtwerdung des im diesseitigen Menschen latent gewordenen „Ebenbildes Gottes" und Wirksamwerden dieses Ebenbildes Gottes als des „Christus im Menschen". Auf diesem Weg muß die Selbstbehauptung des diesseitigen Menschen „sterben", der „alte Mensch" muß, wie es Paulus ausdrückt, „gekreuzigt werden".[61] Aus dem wach und wirksam gewordenen Ebenbild Gottes, dem geistigen Menschen, kann dann eine neue Persönlichkeit aufgebaut werden, die, wie Jesus, aus dem „Grab" der Natur aufersteht.

Gnosis ist mithin auch der Prozeß, den die Schule des Rosenkreuzes als Transfiguration bezeichnet. Jesus selbst ging diesen Weg und lebte ihn vor. Als sich der heilige Geist – symbolisiert durch eine Taube – nach der Taufe am Jordan auf ihn herabsenkte und er mit diesem Geistfeuer „gesalbt", also zum „Christus" wurde, war das nichts anderes als das Bewußtwerden und Wirksamwerden des Ebenbildes Gottes in ihm, das sich für die Kräfte der Geistwelt öffnete und sie empfing. Dadurch wurde der „Sohn", das aus Gott gewordene „Ebenbild Gottes", wieder eins mit Gott. Jesus erkannte Gott, wie er von ihm erkannt wurde, und konnte sagen: Ich und der Vater sind eins.[62]

Nach dieser Bewußtwerdung – Erkenntnis, Gnosis – näherte sich ihm die im eigenen feinstofflichen Wesen vorhandene

Selbstbehauptung, symbolisiert durch den Satan, wurde in den neuen Geistkräften erkannt und überwunden. Daraufhin begann die Tätigkeit des zum Christus gewordenen Jesus aus den Geistkräften heraus: Er lebte aus der Geistwelt entspringende Gedanken, Gefühle, Energien und Handlungen in Liebe für andere. Das war der Aufbau einer neuen Persönlichkeit, die die alte, von Selbstbehauptung durchdrungene, ersetzte.

„Sohn Gottes"

Der „Sohn Gottes", der Christus, ist einerseits der wirklich einzige Sohn Gottes, das Bewußtseinslicht, das von der Kraft des „Vaters" ausgeht, um alle Menschen zu erleuchten. In diesem Sinn sprach der Christus durch den Mund Jesu: Ich bin das Licht der Welt.[63] Andererseits ist jeder Mensch prinzipiell ein Sohn Gottes, da das unsterbliche Ebenbild Gottes in ihm angelegt ist, und er wird aktuell zum Sohn Gottes, wenn dieses Ebenbild Gottes in ihm wieder bewußt und wirksam wird. Er gehört dann wieder zu den „Söhnen des Lichts"[64], er ist als „Gerechter" ein „Sohn Gottes". Das Buch „Weisheit Salomos" in der Bibel schildert sehr genau Eigenschaften und Schicksale eines solchen „Sohnes Gottes".[65]

Erlösung

Erlösung bezieht sich nach der Erfahrung der Gnostiker nicht auf die sterbliche, grob- und feinstoffliche Persönlichkeit. Jesus erlöst die Persönlichkeit nicht durch einen Gnadenakt und erweckt sie zum „ewigen Leben". Erlöst werden muß das Ebenbild Gottes im Menschen, nicht die ichbezogene Persönlichkeit. Und diese Erlösung besteht darin, daß das Ebenbild Gottes, das wahre Selbst des Menschen, aus seiner Latenz und Unwirksamkeit erwacht, bewußt und wirksam wird. Was vorher in Diesseits und Jenseits gefangen war, wird frei und erlöst. Das ist ein innerer Weg, der dem Menschen nicht von außen durch einen Erlöser abgenommen werden kann. Dennoch vermag ihn der Mensch nicht aus eigener Kraft zu gehen. Er kann sich nicht selbst erlösen, sondern braucht dazu die Kraft aus der geistigen Welt, so wie Jesus mit dieser Kraft „gesalbt" wurde. Er braucht die Hilfe von Helfern, die in besonderer Verbindung mit der geistigen Welt stehen und ihm deren Kräfte vermitteln, so wie Jesus nach seiner Verbindung mit der Christuskraft diese weitergab.

Zwei Welten

Die Gnostiker unterschieden zwischen dem Schöpfergott, dem Demiurgen, dem „Gott dieser Welt", wie ihn auch Paulus nennt[66], und dem ursprünglichen „Vater", dem Geist.

Der „Gott dieser Welt" ist der Gott des Diesseits und des Jenseits. Ihm entspricht die aus grob- und feinstofflicher Materie aufgebaute sterbliche, sich selbst behauptende Persönlichkeit, die sich diesen Gott, ihrer Art gemäß, als Person und anthropomorph vorstellt. Deshalb besitzt er die Eigenschaften der Gnade und des Zornes, der Barmherzigkeit und der Gerechtigkeit. Über dem Gott dieser Welt aber befindet sich die ursprüngliche geistige Welt, die mit dem im Menschen schlummernden Ebenbild Gottes, der Entsprechung zur geistigen Welt, korrespondiert. Dieses Ebenbild Gottes, das im Menschen bewußt werden kann, ist keine in sich abgegrenzte, sterbliche Persönlichkeit, sondern eine Individualität von unbegrenztem Bewußtsein. Sie steht dem Gott der Geistwelt nicht wie ein Ich dem Du, nicht wie Person zu Person gegenüber, sondern erfährt sich bewußt als in ihn eingebettet, von ihm durchdrungen und belebt. In diesem Sinn ist Jesus ein Gnostiker und kann sagen: Ich und der Vater sind eins, und: Werdet vollkommen, gleichwie der Vater im Himmel vollkommen ist.[67]

Jan van Rijckenborgh begegnete der historischen Gnosis zunächst in den hermetischen Schriften und der „Pistis Sophia"[68], später auch in den in Nag Hammadi gefundenen Schriften: etwa dem „Evangelium der Wahrheit" und dem „Brief an Rheginus".[69] In den hermetischen Schriften tritt an die Stelle von Jesus Christus, dem Helfer aus der Geistwelt, der selbst den Weg der Transfiguration gegangen ist und ihn anderen ermöglicht, Hermes Trismegistos.[70]

Die Universelle Lehre

Synkretismus oder Universelle Lehre?

Einer Philosophie wie der der Schule des Rosenkreuzes, die aus vielen Wurzeln der Vergangenheit Kraft bezieht und Symbole aus den unterschiedlichsten Zeiten und Kulturen verwendet, wird gern vorgeworfen, „synkretistisch" zu sein. Sie sei aus allen möglichen Elementen unterschiedlicher Herkunft künstlich zusammengefügt, entbehre der Originalität und lebe eigentlich nur aus fremden Erfahrungen und Leistungen.

Aber die Philosophie des Rosenkreuzes ist aus den authentischen spirituellen Erfahrungen der Gründer dieser Schule erwachsen. Es handelt sich nicht um ein aus Begriffen oder beliebigen Symbolen zusammengestückeltes philosophisches System, auch nicht um ein aus Dogmen errichtetes Glaubenssystem. Die Philosophie des Rosenkreuzes ist vielmehr Ausdruck und Niederschlag von unmittelbaren Erfahrungen mit der Welt des Geistes, die, da die Welt des Geistes durch Einheit charakterisiert ist, ebenfalls eine Einheit darstellen, eine lebendige, originale Einheit.

Wer die dieser Philosophie zugrundeliegenden Erfahrungen mit der Welt des Geistes innerlich nachvollziehen kann, wird die aus der einen Wurzel des Geistes hervorgehende Einheit dieser Philosophie erkennen, ungeachtet ihrer vielen verschiedenen Symbole. Wer allerdings diese Philosophie nur von außen betrachtet, wird die Verschiedenartigkeit der Symbole zum Anlaß nehmen, von Synkretismus zu sprechen.

Wenn einem Menschen z. B. die geistige Formel bewußt wird, die der Entwicklung der Menschheit und des Menschen zugrundeliegt, so erhält er damit unmittelbar Anteil an der Welt des Geistes, in der diese Formel verankert ist. Er symbolisiert sie etwa durch den Satz: „Wer sein Leben verlieren will um Jesu, des Prototyps des geistigen Menschen, willen, der wird es, d.h. das wahre Leben im Geist, behalten." Er kann sie aber auch durch buddhistische Symbole darstellen, etwa derart, daß der „Lebensdurst" ganz „erloschen" sein muß, ehe in die dadurch entstandene Leere wie ein Blitz die Erleuchtung einschlägt. Oder er schildert sie durch Symbole aus der platonischen Philosophie: Wer zur Weisheit strebt und sie liebt, wird diese Weisheit, die Welt des Geistes, nur erfahren, wenn er sich von der Täuschung durch sinnliche Wahrnehmungen und von der Verstrickung in die Sinnenwelt freigemacht hat. Er wird diese Erfahrung auch durch die Formel „Christian Rosenkreuz" darstellen können, mit der wiederum eine besondere Ausprägung dieser Erfahrung verbunden ist. Sollte er sich scheuen, die Symbole all dieser Strömungen, die er als Bestätigung seiner eigenen lebendigen Erfahrung erlebt, zu benützen und zu zitieren?

Da alle ursprünglichen Religionen und Mysterienimpulse Offenbarungen aus der Geistwelt sind und darin ihre Einheit finden, kann van Rijckenborgh in Bezug auf die Philosophie des Rosenkreuzes von der „Universellen Lehre" sprechen. Alle Religionen – und damit auch ihre Symbole – sind Verzweigungen eines großen Baumes, Teile eines großen Organismus, mit jeweils unterschiedlicher Aufgabe zu bestimmten Zeiten und in bestimmten Kulturen. Alle gehen sie aus der einen Wurzel des Geistes hervor und repräsentieren sie.

Wer die Religionen von außen betrachtet, als dogmatische Systeme, wird nur die Unterschiede zwischen ihnen bemerken und eine von der anderen abgrenzen. Wer sie als Ausdruck einer geistigen Welt sieht, die zu unterschiedlichen Zeiten und von unterschiedlichen Menschen verschieden erfahren und ausgedrückt wurde, wird die eine geistige Welt in diesen Symbolen wiedererkennen.

Auch im gewöhnlichen Leben ist es so. Die Empfindung der Freude z.B. kann unterschiedlich ausgedrückt werden. Der eine versinnbildlicht sie durch einen sprudelnden Bach, der andere durch eine jubelnde Lerche.

Wer nur das Bild sieht und keinen Zugang zu der dahinterstehenden Erfahrung findet, wird annehmen, es handle sich um zwei verschiedene Aussagen. So ähnlich verfährt jemand, der etwa das „Reich Gottes" der Christen, das „Nirwana" der Buddhisten, das „Tao" der Taoisten und die „Welt der Ideen" bei Plato als verschiedene Dinge ansieht, ja, um seine Position von anderen abzugrenzen, unbedingt als verschiedene Dinge ansehen will. Aber es sind Symbole, die alle auf eine einzige Erfahrung hinweisen.

In der modernen Zeit, wo die Kulturen der Erde miteinander in Beziehung treten, kommen auch die Weltreligionen miteinander in Berührung und tasten einander ab. Gehen sie dabei nicht auf die hinter den Symbolen stehenden Erfahrungen zurück, die aus der Einheit des Geistes stammen, werden sie einander niemals verstehen. Es werden heute weltweit Versuche unternommen, einen gemeinsamen Nenner der Religionen, z. B. in Form einer „Weltethik", zu finden und für die Menschheit verbindlich zu machen. Das sind künstliche Versuche, die nur von den äußerlichen Glaubenssystemen ausgehen. Es käme statt dessen darauf an, daß die geistige Welt in immer mehr Menschen bewußt wird. Dann sind sie in dieser Erfahrung eins, gleichgültig, wie sie sie symbolisieren.

Doch nicht nur das Zusammenwachsen der Völker und Kulturen zwingt zu einer neuen Betrachtungsweise, sondern der Rosenkreuzerimpuls selbst ist eine Strömung, in die alle bisherigen Ströme aus der Welt des Geistes einmünden, erhöht und durchdrungen durch den Christusimpuls. Aus dieser Tatsache rechtfertigt sich noch einmal die Einbeziehung der verschiedensten Symboliken in die Philosophie des Rosenkreuzes, ja sie wird notwendig. Denn alle bisherigen Symboliken gewinnen durch den Christusimpuls neue Tiefe und Kraft und können so zur Bewußtseinsentwicklung der Menschheit auf neue Weise beitragen.

Die „universelle Geistesschule"

Die Geistesschule des Rosenkreuzes ist in ihrer Lehre und Struktur Ausdruck der universellen Welt des Geistes. Wer ihre Struktur und Kraft von innen her erlebt und in ihr aufgeht, erfährt die Struktur und Kraft der Welt des Geistes überhaupt, so wie das Bewußtwerden des wahren Selbst eines Menschen ihn seine Identität und Einheit mit der geistigen Welt erfahren läßt.

Dieser Sachverhalt veranlaßte van Rijckenborgh häufig dazu, von der Geistesschule des Rosenkreuzes als der Geistesschule überhaupt zu sprechen und zu sagen, niemand, der nicht dieser Geistesschule angehöre, könne einen geistigen Weg gehen. Er bezog sich damit auf die Kongruenz der Geistesschule des Rosenkreuzes mit der universellen Geistesschule, der Gesamtheit aller Impulse aus der Welt des Geistes. Tatsächlich kann niemand einen geistigen Weg gehen, der nicht von Impulsen aus der Welt des Geistes, von der Aktivität der universellen Geistesschule also, berührt wird.

Aber von außen gesehen, als Organisation, gibt es auch heutzutage verschiedene geistig strebende Gruppen auf der Welt. Die des Rosenkreuzes ist nicht die einzige. Auch darauf weist van Rijckenborgh an verschiedenen Stellen seines Werkes hin. Zum Beispiel: „Es gibt in der Welt religiöse und okkulte Bruderschaften, die sich auf den Standpunkt stellen, die alleinseligmachenden zu sein. Wir nehmen diesen Standpunkt nicht ein, sondern wollen Ihnen nur gut klarmachen, daß im magnetischen Körper der modernen Geistesschule das Licht offenbart ist, Christus also dergestalt erschienen ist, und daß aus diesem Licht das Leben ist... Wir sagen dies deshalb so nachdrücklich, damit man später nicht sagen kann, das Lectorium Rosicrucianum behaupte, die alleinseligmachende Kirche zu sein. Wir wiederholen aber, daß der magnetische Körper der modernen Geistesschule im ganz intimen Sinn christo-zentrisch geworden ist, daß ohne dies Licht kein Leben sein kann und daß darum durch den Lichtfürsten der Ewigkeit die Worte gesprochen werden: ‚Ohne Mich könnt ihr nichts tun!'"[71]

Das Monument „Galaad" in Ussat-les-Bains, Südfrankreich. Es erinnert an die Zusammenarbeit von Katharern, Gralsrittern und Rosenkreuzern: an den „Dreibund des Lichtes".

Entwicklungen im und nach dem Krieg

Bis zum Krieg waren die Grundlagen für die Geistesschule des Rosenkreuzes gelegt worden. Die Brüder Leene und Frau Stok-Huizer hatten die Philosophie des Rosenkreuzerweges in Anknüpfung an das Prinzip „Christian Rosenkreuz" ausgearbeitet. Sie hatten diesen Weg charakterisiert und auf der Basis des ursprünglichen Christentums von spirituellen Wegen der Vergangenheit des Westens und des Ostens, die nicht mehr zur eigentlichen Bestimmung des Menschen führen können, abgegrenzt.

Parallel zur spirituellen Entwicklung dieser drei Menschen war eine Gruppe entstanden, die sich, berührt von dem rosenkreuzerischen Geistimpuls, zunächst mit der Philosophie des Rosenkreuzes auseinandergesetzt hatte, und dann, diesen Impuls im eigenen Wesen befestigend, ein immer besseres Unterscheidungsvermögen dafür gewonnen hatte, wie der moderne christliche Einweihungsweg im Vergleich zu den alten Wegen aussah. Jan van Rijckenborgh beschrieb diesen Weg in seinem Buch „Dei Gloria Intacta" (1946), das er als „Erläuterung des christlichen Einweihungsmysteriums für die Gegenwart" verstanden wissen wollte.

Auf diesen Erfahrungen und Erkenntnissen aufbauend, konnten Catharose de Petri und Jan van Rijckenborgh nach dem Krieg zum Aufbau einer „inneren Schule", der eigentlichen Geistes- oder Mysterienschule übergehen, in der die Schüler auf der Basis der jetzt gut begriffenen Philosophie des Rosenkreuzes und ihres neu gewonnenen Unterscheidungsvermögens ihren Weg fortsetzten.

Die erste Stufe dieser inneren Schule entwickelten Catharose de Petri und Jan van Rijckenborgh in Südfrankreich in innigem Kontakt mit der vorangegangenen Bruderschaft der Katharer. Es ging um die Endura, die bewußte Auflösung der Selbstbehauptung der Persönlichkeit in den Kräften des Geistes.

Dies war gleichsam das Vermächtnis der Katharer an die neue Geistesschule der Gegenwart, die den rosenkreuzerischen Impuls verwirklichen sollte. Die sichtbare Übergabe des Erbes der Katharer an die modernen Rosenkreuzer bildete die Enthüllung eines Denkmals in Ussat-les-Bains am 5. Mai 1957.

Es ist aus großen Steinen unterschiedlichster Form aufgemauert, Symbol für die lebendigen „Steine" der Schüler, aus denen die Schule der Katharer bestand und die moderne Schule der Rosenkreuzer besteht, Symbol auch für die Kette der Gemeinschaften und Mysterienschulen, die durch die Jahrhunderte die Welt des Geistes in der Menschheit verankern und weiterentwickeln.

Als besonderes Zeichen für den Beitrag der Katharer zu diesem großen Werk fügte A. Gadal dem Monument einen Altarstein hinzu, der in einer Einweihungsgrotte der Katharer die Jahrhunderte überdauert hatte. In dieser Grotte findet sich heute noch ein in Fels gehauenes lebensgroßes Pentagramm, Symbol für die fünffache neue Seele des Menschen, die sich entwickelt, wenn er die Endura vollzieht.

Anläßlich der Enthüllung des Monumentes „Galaad" fand eine dreitägige Konferenz der Rosenkreuzerschüler aus Holland, Frankreich und anderen Ländern auf einem Grundstück statt, das zu diesem Zweck angekauft worden war. Derartige Konferenzen wiederholten sich seitdem in unregelmäßigen Zeitabständen von bis zu mehreren Jahren bis hin zur Gegenwart. Sie dienen dazu, das spirituelle Erbe der Katharer zu beleben, ihren Weg, der die ersten Stufen des christlichen Einweihungswegs umfaßt, nachzuvollziehen, aber dann auf dieser Basis weiterzugehen und den rosenkreuzerischen Impuls, wie er im Prinzip des „Christian Rosenkreuz" zum Ausdruck kommt, unter den Bedingungen der modernen Welt umzusetzen.

Äußerlich manifestierte sich diese Arbeit in verschiedenen Ereignissen. Ende 1946 wurde ein Grundstück mit Gebäuden, „Elckerlyc", in der Nähe von Laage Vuursche gekauft, das später den Namen „Renova" erhielt. In diesen Gebäuden trafen sich die Schüler zu „Erneuerungskonferenzen" („Renova"), um gemeinsam den spirituellen Weg zu erkennen und zu gehen. 1951 entstand auf diesem Grundstück ein dieser Arbeit dienender großer Tempel, der „Renova-Tempel".

Taube im Garten des holländischen Konferenzortes „Renova". Die Taube ist das Symbol für den weiblichen Aspekt des Geistes: Kraft der Harmonie, die alles neu Gewordene ordnet und bewahrt.

Der Weg der Geistesschule

> *Die Wahrheit, die ewige Weisheitskraft der Welt des lebendigen Seelenzustands, wird in Ihnen in dem Maß wachsen, wie Sie die sieben Stufen des Werdeganges der Seele besteigen.* (Catharose de Petri, „Das Siegel der Erneuerung")

Weg, Arbeit und Aufbau der Geistesschule des Rosenkreuzes ergeben sich aus ihrem Ziel. Das Ziel ergibt sich aus der Tatsache, daß gegenwärtig das Verhältnis zwischen göttlicher Naturordnung und ungöttlicher Naturordnung gestört ist. Der Geist, die Wurzel aller Dinge, müßte vom menschlichen Bewußtsein empfangen und in der Materie ausgedrückt werden. Das würde die harmonische Entfaltung der zur Geistwelt gehörenden „Kraftlinien" des Geistes verbürgen. Stattdessen hat sich der Mensch in eigenwilliger Selbstbehauptung vom Geist losgesagt. Dadurch ist die Geistwelt in ihm latent geworden.

Das Ziel

Das Ziel der Geistesschule des Rosenkreuzes ist die Umkehrung dieses Mißverhältnisses zunächst im Menschen, auf lange Sicht aber auch im Kosmos. Sie ermöglicht ihren Schülern einen Weg und geht ihn mit ihnen, der einerseits zur Auflösung der Dominanz und Eigengesetzlichkeit von Seele und Körper, andererseits zur Wiederbelebung des im Menschen latenten Geistes führt. Der Mensch soll zur inneren Freiheit von den Einflüssen der Sinnenwelt gelangen und zur Freiheit vom Schicksal, dem Ergebnis selbstbehauptender Aktivitäten zahlloser Ichs, die seinem gegenwärtigen Ich vorausgegangen sind.

Diese Freiheit ist nur dadurch möglich, daß sich sein wahres Wesen, seine Geistnatur, wieder entfaltet. Denn frei ist ein Wesen, wenn es in Übereinstimmung mit dem ihm innewohnenden Entwicklungsgesetz lebt. In dem Maß, wie die Geistnatur des Menschen sich entfaltet, wird der Schüler fähig, die Einflüsse von Materie und Schicksal, die ihn an der Entwicklung seines wahren Wesens hindern, abzuschütteln.

Die Struktur der Geistwelt, und damit des wahren Selbst des Menschen, ist die Wahrheit. Deshalb sagt Jesus: „Die Wahrheit wird euch freimachen."[72] Lebt ein Mensch aus dieser Wahrheit, das heißt in Übereinstimmung mit der Welt des Geistes, so ist er eins damit und eins mit allen anderen Menschen, sofern diese ebenfalls aus dem Geist leben. Und sein Leben wird die bewußte Erkenntnis der Geistwelt und ein bewußtes Handeln aus der Geistwelt sein: Seine Seele wird von der Wahrheit und ihrer Kraft durchdrungen, seine Persönlichkeit drückt diese Wahrheit und Kraft aus.

Die Kraft der Geistwelt aber ist die Liebe, die unbeschränkt und ohne Eigennutz wirkt: Wie Wasser, das alle Wesen nährt, ohne es wollen und beabsichtigen zu müssen, so trägt die Liebe des in der Freiheit und Einheit des Geistes lebenden Menschen zur Entwicklung aller Wesen bei, spontan und ohne Vorsatz.

Wird das Ziel richtig erkannt und der Weg entsprechend gegangen, so steht am Ende des Weges eine von aller Selbstbehauptung und Trägheit freigewordene Persönlichkeit – eine transfigurierte Persönlichkeit, die bewußt und selbstverantwortlich auf die Impulse des Geistes reagiert und sie verwirklicht.

Es ist dann außerdem eine neue, von Selbstbehauptung freigewordene Seele da, freigeworden auch vom Schicksal und den Einflüssen aus der Spiegelsphäre. Sie nimmt die Impulse des Geistes auf und gibt sie an die transfigurierte Persönlichkeit weiter. Und der Geist im Menschen ist eins mit der unendlichen, ewigen Geistwelt geworden und mit Seele und Persönlichkeit vereinigt: Durch sie teilt er Erkenntnis und Liebe aus, durch sie empfängt er die Reaktionen der Umwelt auf diese Austeilung.

Der spirituelle Weg

Verlangen nach dem Geist

Voraussetzung für den Weg und die Erreichung des Zieles ist eine gewisse Reife. Der Mensch muß durch viele eigene Erfahrungen und die Erfahrungen der vielen Ichs, die sich als Schicksal in seinem Mikrokosmos summiert haben, zu einem kritischen Punkt gelangt sein. An diesem Punkt wird ihm das Leben überhaupt „fragwürdig". Denn das latente Geistprinzip macht sich, zuerst noch unbewußt, in ihm bemerkbar und erfüllt ihn mit der Ahnung von einem Leben in unbeschränkter Freiheit, Einheit und Liebe.

Im Kontrast zu dieser Ahnung erfährt er das gewohnte Leben als beschränkt und sinnlos. Das hat nichts zu tun mit der Erfahrung des zu kurz Gekommenen, der wegen der Unerfüllbarkeit seiner Wünsche Schmerz empfindet. Der Buddha sagte: Auch wenn mir alle Wünsche erfüllt wären und ich ein Leben den seligen Göttern im Jenseits gleich führte, wäre meine Sehnsucht doch noch nicht gestillt. Die Sehnsucht ist erst gestillt, wenn der Mensch mit der unerschöpflichen Welt des Geistes eins geworden ist. Jesus kennzeichnet dieses prinzipielle Ungenügen am Lauf der diesseitigen und jenseitigen Dinge, das vor dem Hintergrund der Ahnung einer vollkommenen Geistwelt entsteht, in der ersten Seligpreisung: „Selig sind die Bettler an Geist."[73] Gemeint ist damit nicht ein Mangel an Intelligenz, sondern ein Zustand, in dem der Mensch erfährt, daß ihm die Einheit mit der Geistwelt, die bewußte Fülle des Geistes fehlt, und er sich wie ein Bettler nach dem Reichtum des Geistes sehnt. Man könnte die Seligpreisung auch übersetzen mit: „Selig sind die nach dem Geist, nach dem Reich Gottes, Verlangenden."

Das ist die Grundvoraussetzung des Weges zum Ziel der Geistesschule des Rosenkreuzes: Verlangen nach dem Geist. Der latente, unwirksame Geist im Menschen verlangt nach bewußtem Aufgehen in der Geistwelt, nach der Fülle des Geistes, in der er sich entfalten kann. Je stärker dieses Verlangen nach dem Heil ist, desto größer ist die Chance, daß der Weg durchgehalten, Irrwege als solche erkannt und das Ziel erreicht wird. Ein solches Verlangen nach dem Geist läßt sich nicht erzeugen. Es muß aus der Erfahrung des Menschen geboren werden, daß er in Diesseits und Jenseits wie im Exil lebt und seine geistige Heimat schmerzlich entbehrt. Ist es aber geboren, so kann es zu einer gewaltigen Sehnsucht aufflammen.

Hindernisse

Eine große, wenn nicht die größte Schwierigkeit auf dem Weg des Schülers einer Geistesschule ist, daß die Welt im allgemeinen, die Gesellschaft und damit seine ganze äußere Umgebung in der Regel andere Ziele verfolgen und andere Wege einschlagen als er selbst. Die Ziele der Umgebung des Schülers sind seinem spirituellen Ziel zumeist sogar entgegengesetzt. Die gesellschaftlichen Kräfte wirken durch Erziehung, Ausbildung, Konventionen und vor allem Massenmedien bewußt oder unbewußt auf jedes Gesellschaftsmitglied, und somit auch auf den Schüler einer Geistesschule ein, sich ihren Werten und Normen konform zu verhalten und sie zu unterstützen. Er soll ebenfalls Erfolg, Wohlstand, Sicherheit und Vergnügen anstreben und unbedingt bejahen.

Wenn der Schüler nicht von Grund auf die Erfahrung gemacht hätte, daß sein eigentliches Lebensziel nicht in diesen gesellschaftlich dominanten Interessen liegen kann, und wenn nicht die Sehnsucht nach wahrer Lebenserfüllung übermächtig in ihm geworden wäre, hätte er keine Chance, das schwache Pflänzchen des wahren Menschen im eigenen Wesen gegen die Übermacht ungünstiger Außenverhältnisse zu entwickeln. Ebensowenig hätte er eine Chance, wenn ihm nicht die drei Hilfsmittel der Geistesschule zur Verfügung stünden: Die Kräfte aus dem Geistfeld, die Gemeinschaft des „lebenden Körpers" und die Universelle Lehre.

Bestimmung des Menschen

Nicht nur subjektiv, sondern auch objektiv wäre der Weg der Geistesschule des Rosenkreuzes unmöglich, ja ein Hirngespinst, wenn es sich nicht um die Bestimmung des Menschen handelte. Der Weg ist in der Formel verankert, die als Entwicklungsgesetz, als göttliche Kraftlinie, im einzelnen Menschen und in der Menschheit wirkt, und ergibt sich aus dieser Formel. Deshalb ist der Weg der Geistesschule des Rosenkreuzes prinzipiell nicht neu, sondern auch der Weg aller anderen ursprünglichen Religionen und Mysterienschulen der Vergangenheit und Gegenwart. Jede ursprüngliche Religion und Mysterienschule wollte nichts anderes, als dafür reifen und empfänglichen Menschen den Weg zu ihrer eigentlichen Bestimmung zu zeigen und ihnen beim Gehen behilflich zu sein – jeweils unter den besonderen Bedingungen ihrer Zeit.

Dieser Weg ist keine fixe Idee, nicht ein vom Menschen seinem Leben willkürlich gegebener Sinn. Wäre es so, wäre der Mensch unterwegs zu diesem Ziel irgendwann erschöpft oder würde, wenn die Widerstände zu groß würden, aufgeben. Die eigentliche Berechtigung für diesen Weg liegt darin, daß er der Weg des wahren Menschen ist, der sich von den Hüllen des unwahren Menschen, des nach Erfolg, Besitz, Macht und Vergnügen strebenden Menschen, befreien will, um aus der Welt des Geistes zu leben. Und die innere Spannung, die den Schüler nach dem Weg suchen und ihn auf dem Weg fortschreiten läßt – und sollte dieser Weg viele Inkarnationen dauern und auf unüberwindlich scheinende Widerstände stoßen –, entspringt der objektiven Situation, daß die gegenwärtige Welt und der gegenwärtige Mensch aus dem Gleichgewicht geraten sind. Eine Störung im Welthaushalt und im psychologischen Haushalt des Einzelnen möchte wie ein Schmerz sich selbst aufheben. Die Störung selbst schafft die Spannung, die die Kräfte zu ihrer Überwindung aufruft. Sie wirken im Schüler und fließen ihm aus der Geistesschule durch ihre drei „Hilfsmittel" zu.

Der Weg als subjektive Erfahrung des Schülers

Worte wie „Weg" und „Ziel" sind Bilder. Die Vorstellung, der Schüler schreite voran und mache Fortschritte, kann zu Mißverständnissen führen. Der spirituelle Weg besteht nicht darin, daß der Schüler immer neue Bewußtseinsbereiche erobert, immer größere Fähigkeiten entwickelt und immer schönere und intensivere Erlebnisse hat. Besser, man stellt sich den Weg als eine Abfolge von Zuständen im Schüler vor, so etwa, wie ein Kind zum Jugendlichen und ein Jugendlicher zum Erwachsenen reift. Es geht um ein inneres Wachstum einerseits, ein „Absterben" andererseits.

Nicht die Entwicklung der Persönlichkeit zu größerer Macht, Geltung und Vergnügen, nicht Bewußtseinserweiterung und Hellsichtigkeit in den feinstofflichen Gebieten des Jenseits sind Ziel und Weg, sondern gerade das „Absterben" der Ichbezogenheit der Persönlichkeit. In dem Maß, wie sich die Selbstbehauptung des Schülers schrittweise auflöst, können die ihm bisher unbekannten Eigenschaften des wahren Selbst im Innern wachwerden, wachsen und seine Persönlichkeit verändern.

Aus diesen Prozessen ergibt sich eine Abfolge von Zuständen einer immer größeren Ruhe, Gelassenheit – ja des „Nicht-Seins" der vergänglichen Natur nach – im Schüler, der allmählich von einer neuen Freiheit, Liebe und Einheit mit dem Geist durchdrungen wird. In dem Maß, wie die alte, von Selbstbehauptung bestimmte Scheinidentität schwindet, entfaltet sich das innere Gesetz des Geistes und wird zur neuen Identität des Schülers, die auch seine ursprüngliche, aus dem Geist stammende Identität ist.

Man könnte die Erlebnisse des Schülers auf dem Weg in erster Annäherung mit Hilfe von Gegensatzpaaren beschreiben: An die Stelle der Absichtlichkeit tritt das Gewährenlassen der sich entfaltenden Gesetzmäßigkeit des Geistes, an die Stelle von Begehrlichkeit die Hingabe an die geistige Welt, an die Stelle der eigenen Willensimpulse das Strömen neuer Kräfte.

„Einsicht"

Die erste Stufe auf diesem Weg – oder der erste Zustand, der vom Rosenkreuzer-Schüler erfahren wird – ist die Phase der Einsicht. Es handelt sich nicht um intellektuelle Analyse. Es geht um Erkenntnis, die aus dem Herzen des Schülers in sein Bewußtsein aufsteigt. Die Rosenkreuzer sprechen hier von „Präerinnerung", einer Erinnerung an die tief im Menschen verborgene und verschüttete geistige Welt. Wenn diese Präerinnerung im Schüler lebendig wird, ahnt er, daß ihm ein Leben in der Welt des Geistes bestimmt ist. Im Licht dieser Ahnung erscheinen ihm seine bisherigen Ansichten und Anschauungen als begrenzt. Und die Auflösung dieser Begrenzung wird als Befreiung und Weite erfahren. Der Verstand ist dabei durchaus als kritischer Prüfer und Formulierer der neuen Erfahrungen beteiligt. Aber er ist nicht der Erzeuger dieser Erfahrungen.

Ein beginnender Schüler gewinnt z. B. die Einsicht, daß das menschliche Leben – sein Leben – im großen Geschehen der Entwicklung von Welt und Menschheit eine Bedeutung hat. Aller Entwicklung von Welt und Menschheit liegt die geistige Welt als Gesetzmäßigkeit und Kraft zugrunde. Dieser geistigen Welt gehört er selbst auch an, sie ist in ihm als das Gesetz, nach dem er als geistiges Wesen angetreten ist, wirksam: Er ist „aus Gott geboren" – Ex deo nascimur –, wie die Rosenkreuzer des 17. Jahrhunderts sagten, ein aus dem Denken Gottes hervorgegangener Gedankenkeim, der sich selbständig entwickeln und ausdrücken möchte. Als Gedanke Gottes hat der Mensch eine Aufgabe und Verantwortung nicht nur für sich selbst, sondern auch für den ganzen Entwicklungsstrom von Welt und Menschheit, in den er mitaufgenommen ist.

Zugleich mit dieser „Erinnerung" an sein wahres Wesen wird dem Schüler auch bewußt, in welchem Zustand er sich gegenwärtig befindet: Er arbeitet nicht verantwortlich im geistigen Entwicklungsstrom von Welt und Menschheit mit. Er hat, wie alle anderen Menschen, mit Welt und Menschheit einen Weg eingeschlagen, der immer mehr in die Materie hineinführt. Die Welt, so erkennt er, ist gegenwärtig keineswegs die Entfaltung des ihr innewohnenden Geistes, sondern die Entfaltung des ihr ebenfalls innewohnenden Ungeistes.

Die Erfahrung, „aus Gott geboren" zu sein, bringt, je nachdem, aus welcher weltanschaulichen Richtung der Schüler kommt, weitere Einsichten mit sich. Dachte er bisher z. B. materialistisch, so wird ihm der Gedanke, nicht nur ein Stäubchen im All und nicht nur ein flüchtiger Zufall zu sein, erst wirklichen Lebenssinn vermitteln. Die Ewigkeit umgibt und hegt die Welt. Aus göttlicher Intelligenz, Kraft und Formgebung, aus der Ewigkeit ist die Welt entstanden und bewegt sie sich fort, mag sie sich auch auf eigenen Wegen immer weiter von ihrem Ursprung entfernen. Mit dem Urknall und der biologischen Evolution hat es, von außen, von der Formseite her betrachtet, vielleicht seine Richtigkeit – aber entscheidend ist, daß, von innen, von der Geistseite her gesehen, Welt und Menschheit aus dem ewigen Geist hervorgegangen sind und sich weiterentwickeln.

Glaubte der Schüler aber bisher an eine Schöpfung der Welt durch einen Gott, der einen Gegenstand wie ein Handwerker von außen bearbeitet, so wird ihm diese Vorstellung jetzt als begrenzt erscheinen. Das göttliche „Wort", so erkennt er, sind die schöpferischen Kraftlinienstrukturen, die allem Dasein zugrundeliegen und es von innen her entwickeln, so wie die im Samen einer Pflanze unsichtbar vorhandene schöpferische Information die sichtbare Pflanze aus sich hervorbringt.

Glaubte der Schüler an ein ewiges Leben der diesseitigen Persönlichkeit im Jenseits nach dem Tod, so wird ihm auch diese Vorstellung im Licht der neuen Erfahrungen nicht mehr haltbar erscheinen. Denn eine Persönlichkeit, die aus dem Ungeist der Selbstbehauptung entstanden ist und aus ihm lebt, mithin kein adäquater Ausdruck des in ihr verborgenen ewigen Geistkerns ist, kann unmöglich ewig fortdauern. Sie wird nach dem Tod und einer Periode der Erfahrungsverarbeitung im Jenseits aufgelöst werden. Der noch nicht bewußt und wirksam gewordene Geistkern jedoch wird unvergänglich weiterleben. Zu gegebener Zeit verbindet er sich mit einer neuen, im Diesseits geborenen Persönlichkeit und knüpft dabei an die Erfahrungen der vorhergehenden Persönlichkeit an, die im mikrokosmischen Gesamtsystem dieses Menschen gespeichert sind.

So wird sich der beginnende Schüler mit der Idee der Reinkarnation vertraut machen – nicht in dem Sinn, daß eine sterbliche Persönlichkeit in immer verbesserter Ausführung ständig wiederkehrt, sondern daß der unsterbliche Geistkern sich immer wieder mit neuen Persönlichkeiten verbindet, wobei die Erfahrungsernte der bisherigen Persönlichkeiten Struktur und Leben der jeweils neu „adoptierten" Persönlichkeit bestimmt. Der Schüler wird einsehen, daß dieser Prozeß der Reinkarnation prinzipiell endlos fortdauern könnte, solange die Persönlichkeiten in Selbstbehauptung verharren. Denn dann würde der Geistkern niemals bewußt und wirksam werden. Erst wenn eine Persönlichkeit ihre Selbstbehauptung preisgibt, kann der Geistkern bewußt und wirksam werden, diese Persönlichkeit transfigurieren und sie zu seinem Ausdrucksmittel umformen. Dann aber ist der Prozeß der Reinkarnationen zu Ende. Denn dann ist seine Voraussetzung und Notwendigkeit entfallen. Er ist nur notwendig, solange der Geistkern unbewußt und latent ist. Der Mensch entsteigt dann dem „Rad von Geburt und Tod".

„Heilbegehren"

Der zweite Zustand, den der Rosenkreuzer-Schüler auf dem Weg erlebt, ist, daß er sein Leben neu ordnet. Er zieht Konsequenzen. Die aus seinem Herzen aufsteigende Einsicht über seine Stellung und Aufgabe in der Welt führt zu neuen Taten. Wenn der Schüler erkennt, daß er „aus Gott geboren" ist und sein Leben dieser Tatsache entsprechen sollte, wird er beginnen, zunächst einmal Ordnung in seinem Leben zu schaffen. Sein Lebensziel wird ihm allmählich bewußt, und daher zeigen sich ihm auch die Hindernisse vor dem Ziel.

„Heilbegehren" nennt die Geistesschule des Rosenkreuzes diesen inneren Zustand des Schülers. Begehrt der Schüler nach dem „Heil", dem Leben im Geist, und handelt im Sinn dieses Begehrens, so wird er, wie die Kranken und Besessenen in den Schilderungen des Neuen Testaments, allmählich von den Krankheiten und „Dämonen" seiner Verstrickungen in Konflikte, Ängste und Illusionen und ihrer Folgen geheilt. Es entsteht aus seinen neuen Einsichten und seiner Sehnsucht nach Heilung eine neue Ordnung und Freiheit in ihm.

Diese Phase des Schülertums, dieser Zustand der inneren und äußeren Bereinigung, ist durch „Neutralität" gekennzeichnet: Der Schüler entzieht sich der Bestimmtheit durch Sympathie und Antipathie Menschen und Dingen gegenüber. Er erkennt, wie er durch Befürchtungen und Hoffnungen aller Art geleitet und verstrickt wird – und läßt sich nicht mehr von ihnen leiten, sondern nur noch von der Erfahrung: Das wahre Selbst fürchtet nichts und erwartet nichts. Es entzieht sich den Verstrickungen in die Welt der Selbstbehauptung ruhig und verständnisvoll. Durch eine solche Lebenspraxis kommen neue Kräfte aus der Welt des Geistes im Schüler in Umlauf und entwickelt sich ein neuer Kräfteaustausch zwischen ihm und seiner Umgebung.

„Selbstübergabe"

In der zweiten Phase des Weges war der Schüler damit beschäftigt, sich aus den Wirkungen der Selbstbehauptung, den durch Hoffnung und Furcht verursachten Verstrickungen in die Welt, zu lösen. Jetzt, in der dritten Phase, lenkt er sein Augenmerk folgerichtig auf die Ursache dieser Verstrickungen, die Selbstbehauptung im eigenen Wesen. Seine Ichbezogenheit ist die Wurzel all seiner Konflikte und Verstrickungen. Er geht dazu über, diese Wurzel schrittweise aufzulösen. Wie vermag er das?

Dadurch, daß ihm diese Wurzel ins Bewußtsein tritt. Durch die Erkenntnis und die Empfindung, daß sie nicht sein wahres

Wesen ist, stirbt sie allmählich ab wie eine Wurzel, die aus dem Boden gegraben und dem Licht ausgesetzt wird. Nirgends als in dieser Phase wird deutlicher, was der spirituelle Weg nicht ist. Es geht nicht darum, daß der Mensch seine „Stärken" und „Schwächen" mit dem Verstand analysiert und dann mit dem Willen versucht, unliebsame Eigenschaften zu beseitigen. Es ist eine allen Menschen gemeinsame Erfahrung: Man kann zwar irgendeine „negative" Eigenschaft an sich selbst mit dem Verstand erkennen und dadurch eine gewisse Distanz dazu erlangen. Man kann dann auch versuchen, diese Eigenschaft abzulegen und durch ein neues Verhalten zu ersetzen. Aber auf die Dauer wird man mit dieser Methode immer scheitern. Die „negative" Eigenschaft wird dadurch nicht beseitigt, ja durch den Kampf des Bewußtseins und Willens mit ihr nur noch stärker.

Die Erkenntnis des Schülers einer Geistesschule ist anderer Art und anderen Ursprungs. Es ist im Prinzip so, daß ein Seelenzustand durch einen anderen Seelenzustand ersetzt wird. Ist der Schüler z. B. von Kritik an anderen erfüllt – einem aus Selbstbehauptung und Schwäche geborenen Zustand –, so kann doch allmählich, aus dem sich entfaltenden Geist in ihm, ein Zustand der inneren Seelenstärke und des Verständnisses für andere wachsen. Dieser Zustand löst den vorhergehenden ab und auf, so wie ein Krampf verschwindet, wenn die Energien im Muskel wieder ruhig fließen.

Dabei stehen dem Schüler zwei Helfer zur Seite. Der eine ist das Kraftfeld der Geistesschule, in der er sich aufhält. In diesem Kraftfeld sind die Strukturen und Eigenschaften des wahren Selbst der Menschheit wie Kraftlinien in einem magnetischen Feld, das den Schüler umgibt, vorhanden und wirksam. Sie unterstützen im Schüler die Strukturen und Eigenschaften seines eigenen wahren Selbst, auf dessen Hintergrund ihm die alte Selbstbehauptung bewußt wird.

Der zweite unentbehrliche Helfer des Schülers in dieser Phase ist der Schmerz. Hat der Schüler einmal die neue Möglichkeit der Ruhe und Kraft und die mit ihr verbundene Freiheit von Unruhe und Schwäche erfahren, so wird er, falls er wieder einmal z. B. verletzende Kritik ausübt, diesen Zustand als höchst unbefriedigend, ja schmerzhaft empfinden. Und dieser Schmerz wird, wenn der Schüler ihn ruhig aushält, den alten Zustand schwächen. Die Alten nannten diese Art Schmerz „Reue". Das ist kein Schuldgefühl wegen Verletzung einer Norm. Es ist stattdessen ein tiefes Bedauern über eine Situation, die dem wahren Wesen des Menschen nicht entspricht.

All diese Vorgänge lassen sich in der Formel zusammenfassen: „Wer sein Leben verliert um meinetwillen, der wird es behalten."[74] Diese Formel beschreibt im besonderen den Prozeß in der dritten Phase des Schülerweges. Denn diese dritte Phase ist die eigentliche Phase der Umkehr und des Umschwungs, in der das Wesentliche des Schülerweges besonders deutlich zum Ausdruck kommt. Sein Leben, das ist das Leben aus Selbstbehauptung und Ichbezogenheit, der gewöhnliche Zustand des Menschen. Wer dieses Leben bewußt und freiwillig um des neuen Zustands willen, des aus dem Geist geborenen Seelenzustands, verliert, in dem wird der neue Zustand, das Leben aus der Freiheit, Einheit und Liebe des Geistes, wirksam. „Um meinetwillen" bedeutet auch: in den Kräften des Geistes und mit Hilfe der Kräfte des Geistes. Deshalb beschrieben die Rosenkreuzer des 17. Jahrhunderts diese Phase des Weges mit den Worten: „In Jesus sterben wir" – In Jesu morimur. Wer aus Gott geboren ist und in wem Gott wieder wirksam wird, der wird in den Kräften des Geistes, die durch Jesus repräsentiert sind, „sterben", nämlich seinem alten Wesen nach. „Selbstübergabe" nennt die Geistesschule des Rosenkreuzes diesen Zustand der dritten Phase des Weges.

„Neue Lebensführung"

Der nächste, vierte Schritt auf dem Weg ist die Verankerung der neuen Lebensmöglichkeit im eigenen Wesen. Und wie könnte sie anders und besser verankert werden, als dadurch, daß der Schüler immer mehr und bewußter aus den neuen Seelenkräften und -strukturen zu leben lernt? Das setzt voraus, daß er immer besser lernt, wie er bei dem Kampf zwischen zwei Kräften und Möglichkeiten im eigenen Wesen der neuen Möglichkeit Spielraum verschafft und der alten, sie immer besser erkennend und den Schmerz der Reue leidend, den Boden entzieht. Es ist eine Frage der Ausdauer und des Durchhaltens, der täglichen Aufmerksamkeit und immer neuen Entscheidung.

Aus den neuen Seelenkräften und -strukturen zu leben bedeutet, aus ihnen zu handeln. Dadurch werden sie anerkannt und bestärkt, dadurch wird ihnen Gelegenheit gegeben, als neue Gedanken, neue Empfindungen und neue Willensimpulse zu wirken und den alten Zustand des Schülers vollkommen zu ersetzen. Was aber heißt, aus den Seelenkräften zu leben und zu wirken? Es heißt, ohne jede Selbstbehauptung mit den Strukturen und Kräften des Geistes zusammenzuarbeiten – für andere Menschen! Es ist der Zustand des „Nicht-Tuns", wie es die alten chinesischen Weisen ausdrückten.

Fünf wesentliche Seeleneigenschaften wachsen allmählich in einem Schüler der vierten Phase heran: Ruhe, die aus dem Einklang mit dem wahren Selbst entsteht; Mitgefühl, das zugleich weiß, was der andere selbst tragen und ertragen muß; Erkenntnis dessen, was in anderen Menschen und Dingen zur Wahrheit und Freiheit strebt und was diesem Streben entgegenarbeitet; konstruktive Liebe, die auf der Grundlage dieser Erkenntnis Wahrheit und Freiheit fördert; und schließlich Freude, die der Tätigkeit des Schülers Schwung und Dynamik verleiht.

Wenn der alte Bewohner des „Hauses" der Persönlichkeit, die Selbstbehauptung, ausgezogen oder „gestorben" ist, zieht in der vierten Phase des Schülertums ein neuer Bewohner ein: das wahre Selbst. Das wahre Selbst verändert nun die Einrichtung des Hauses und das Haus selbst, so daß es zu seinem Ausdruck und Instrument wird. Sämtliche Eigenschaften und Fähigkeiten des Menschen werden, von Selbstbehauptung freigeworden, von neuen Kräften durchdrungen. Sie werden Ausdruck der geistigen Formel, die diesem Menschen als Entwicklungsgesetz zugrundeliegt.

„Bewußtwerdung"

Einem solchen Menschen wird die sich in ihm entfaltende Kraftlinienstruktur des Geistes allmählich bewußt. Das ist der Zustand und die Aufgabe der fünften Phase des Weges.

Die Inhalte dieses neuen Bewußtseins unterscheiden sich radikal von denen des alten. Es wird ja selbst durch die individuelle geistige Kraftlinienstruktur dieses Menschen hervorgebracht, wodurch es imstande ist, diese zu erkennen. Der Gedanke Gottes, der Mensch, hervorgegangen aus dem Denken Gottes, wird sich seiner selbst bewußt und erlebt dabei, daß es das Denken Gottes ist, das in ihm wirksam wird und ihm dieses Bewußtsein vermittelt. In diesem Sinn spricht Paulus davon: „..., daß ich erkenne, gleichwie ich erkannt bin".[75]

Dem Schüler wird also bewußt, daß er selbst als individuelle Intelligenz, Kraft und Liebe in den kosmischen Geist, in Gott, eingebettet und von diesem durchdrungen ist. Wer eine solche Erfahrung der Einswerdung mit der Welt des Geistes beschrieben finden möchte, lese z. B. „Aurora" von Jakob Böhme.[76] Der Schüler wird in dieser Phase auch lernen, bewußt das Erfahrene umzusetzen und mit den neuen Kräften nach den ihnen innewohnenden Gesetzmäßigkeiten zu arbeiten. Er wirkt jetzt mit den schöpferischen Kraftlinien des Geistes, die ihn durchziehen und deren eine er selbst ist, mit, und zwar so, daß er alles in seiner Umwelt und anderen Menschen fördert, was zu den Kraftlinien des Geistes gehört. Er handelt in konstruktiver Liebe, die nichts anderes ist als die Regsamkeit des Geistes. „Durch den heiligen Geist wiedergeboren" – Per spiritum sanctum reviviscimus – nannten die klassischen Rosenkreuzer diese Phase des Weges.

Was auf der fünften Stufe in ersten tastenden Ansätzen erlernt und erlebt wird – selbständige, bewußte Erfahrung des eigenen geistigen Wesens, Tiefenerkenntnis der Umwelt auf der Basis dieser Erfahrung, und Erfahrung des kosmischen geistigen Wesens, sowie Handeln aus diesen Erfahrungen, das wird auf der sechsten und siebten Stufe des Weges vertieft und ausgebaut. Der Schüler taucht ganz in den Strömen des Geistes unter und verströmt sich für die Welt und die Menschen, wodurch sich eine neue Persönlichkeit nach Gedanken, Gefühlen, Willen und sogar feinmateriell entwickelt.

Dieser Weg in seinen sieben Phasen darf nicht so verstanden werden, als bedeute der Übergang in die nächste Phase jeweils den Abschluß der vorhergehenden. Jeder Zustand ist eine Aufgabe, die bis zum Ende des Weges erhalten bleibt. Jeder Zustand muß fortwährend belebt werden, damit die nächstfolgenden eine gute Grundlage haben – wie bei einem Haus, dessen Stockwerke gut aufeinandergefügt sind. Der Prozeß der ersten Stufe z. B., die Entstehung von Einsicht, setzt sich in allen folgenden fort und vertieft sich immer mehr. Umgekehrt können und werden alle Erfahrungen der folgenden Stufen schon keimhaft auf den früheren auftreten.

Catharose de Petri und Jan van Rijckenborgh kennzeichneten die sieben Stufen des spirituellen Weges einmal folgendermaßen:

„1. Das neue Wissen, die Geburt des neuen Denkvermögens.

2. Die bewußte Gemeinschaft mit dem Herrn; das ist die weitere Entwicklung des neuen Denkvermögens durch eine neue Herzstrahlung: das Denken mit dem Herzen.

3. Das Erblühen des neuen Willenswesens, das Werden des neuen Begierdenkörpers.

4. Die neue Wirksamkeit von Haupt, Herz und Willen ergibt ein neues Leben der Tat: die Geburt des neuen Ätherkörpers.

5. Die Geburt des neuen Stoffkörpers.

6. Die Vereinigung der neuen Persönlichkeit mit der Geistseele.
7. Die Vereinigung der neuen Persönlichkeit mit dem Göttlichen Geist: die Überwindung."[77]

Besondere Merkmale des Weges

Dem Schüler auf dem spirituellen Weg werden bestimmte Merkmale dieses Weges bewußt.

Glaube, Erkenntnis und Tat

Der Schüler beginnt den Weg im Glauben und bezieht seine Energie bis zum Ende immer auch aus dem Glauben. Sein Glaube ist aber nicht das Fürwahrhalten einer Lehre oder eines Dogmas, das er von einer Autorität übernimmt. Das wäre eine große Verflachung dieses Begriffs. Er erlebt den Glauben als motorische Kraft aus dem in ihm aktiv werdenden Geistkern, die sich als Sehnsucht nach einer neuen Lebenswirklichkeit, als Heilbegehren, bemerkbar macht. Er erlebt ihn gleichzeitig als Offenheit für diese neue Lebenswirklichkeit, als innere Sicherheit, daß diese Lebenswirklichkeit seine Bestimmung und die jedes Menschen ist und irgendwann auch Gestalt in ihm annehmen wird. Glaube ist die Erfahrung, „aus Gott geboren" zu sein.

Aus diesem Zustand der Offenheit für das Ziel des Weges und der Sehnsucht danach entsteht allmählich Erkenntnis. Das Ziel des neuen Lebens und die Etappen des Weges dorthin werden dem Schüler aus dem eigenen Innern bewußt. Es wird ihm bewußt, daß er als geistiges Wesen in die Welt des Geistes eingebettet ist. Es wird ihm bewußt, welche Hindernisse der Verwirklichung des neuen Lebens im Wege stehen. Er erlebt in jedem Augenblick des Alltags, welcher Handlungsschritt notwendig ist, damit das in ihm drängende neue Leben wachsen kann. Er weiß also, was es bedeutet, „in Jesus zu sterben".

Religiöse Menschen sind häufig mißtrauisch gegen „Erkenntnis". Sie betonen den Glauben an die Wahrheiten der Religion. Der Verstand sei doch nicht in der Lage, die „Heilstatsachen" zu begreifen. Aber die Erkenntnis auf dem spirituellen Weg ist etwas anderes als verstandesmäßige Überlegung. Sie ist Bewußtwerdung des wahren Wesens und der geistigen Welt. Sie ergibt sich folgerichtig und notwendig aus dem Glauben als der Offenheit für diese Welt. Wenn der Glaube nicht weiterführt zur Erkenntnis, stagniert der Schüler auf dem Weg.

Aus der Erkenntnis der Welt des Geistes und ihrer Kräfte folgt weiter die Anwendung dieser Kräfte nach den ihnen immanenten Gesetzen. Aus der Erkenntnis der Hindernisse, die im Schüler der Entfaltung des neuen Lebens im Wege stehen, folgt die Auflösung dieser Hindernisse. Das bedeutet eine völlige Veränderung der alten, ichbezogenen Persönlichkeit und den Aufbau einer neuen, die auf neue Weise handelt: „durch den heiligen Geist wiedergeboren". Aus Erkenntnis folgt die Tat. Und da diese nichts anderes als die Umsetzung der empfangenen geistigen Kräfte ist, verwirklicht der Schüler durch seine Tat die Liebe Gottes in der Welt.

Der Glaube lebt im neu werdenden Herzen des Schülers, die Erkenntnis im neu werdenden Haupt, und die Tat wird durch neu in ihm zirkulierende Energien gespeist.

Verwirklichung

Der Schüler auf dem spirituellen Weg erfährt, daß dieser Weg Selbständigkeit bedeutet. Er kommt nicht weiter, wenn er nicht selbständig auf die aus seinem eigenen Innern heraufkommenden Impulse reagiert. Er wird den Hang des Menschen, andere, die den Weg gehen, zu verehren und zu imitieren und dabei die Verwirklichung des eigenen Weges zu vergessen, in sich selbst entdecken und überwinden. Wie gern entzieht sich der Mensch seiner eigenen Aufgabe, indem er das Ziel, das er als das seine erkannt hat, nur noch bei anderen sieht: bei Heiligen, bei einem Erlöser, bei einer Institution! Er verehrt dann dieses Ziel in anderen und stellt ihnen seine Kräfte zur Verfügung. Er selbst braucht sich nicht mehr zu verändern. Er identifiziert sich mit dem anderen, der das Ziel schon erreicht hat.

Viele, die den Geist in die Welt brachten und andere damit entflammen wollten, mußten erleben, wie das Bedürfnis der Menschen, sie als Geistbringer zu verehren, die Flamme des Geistes wieder erstickte. Man verherrlichte sie selbst als Menschen, in denen der Geist lebendig geworden war, und erwartete von ihnen die Erlösung. Man feierte ihnen zu Ehren Feste und errichtete prachtvolle Gebäude, ließ den Geist im eigenen Wesen aber nicht lebendig werden.

Auf dem spirituellen Weg ist entscheidend, daß an die Stelle der Verehrung die Verwirklichung tritt. Das schließt Dankbarkeit und Achtung vor den Bringern der Wahrheit nicht aus. Doch bezeugt der Schüler seine Dankbarkeit am besten, wenn er den sehnlichen Wunsch dieser Wahrheitsbringer: daß die Wahrheit verwirklicht werde, erfüllt.

Objektive Veränderungen auf dem spirituellen Weg

Die subjektiven Erlebnisse auf dem spirituellen Weg: Ahnungen, Einsichten, Heilbegehren, Selbstübergabe, neue Lebensführung, neues Bewußtsein, äußern sich in Gedanken, Gefühlen und Entschlüssen, also psychischen Erfahrungen. Doch hat jede psychische Erfahrung auch ihre physische und physiologische Seite. Vielleicht sind es überhaupt stets dieselben Tatsachen, nur einmal von innen her, einmal von außen her gesehen.

Auf dem spirituellen Weg verändert sich das ganze Wesen des Menschen auch körperlich-physiologisch. „Wer sich ernstlich auf den Pfad begibt und wirklich beschließt, den Pfad zu gehen, verändert sich von Stunde an leiblich, biologisch, anatomisch."[78] Jedem Gefühl z. B. entspricht, das ist aus der Psychosomatik bekannt, ein hormoneller Zustand. Wenn eine neue Menschenliebe, mit den ihr entsprechenden Hormonfunktionen, im Menschen wirksam wird, können nicht gleichzeitig der Selbstbehauptung oder Angst entsprechende Hormone im Blut zirkulieren und Handlungen auslösen. Insofern ändern sich auf dem spirituellen Weg das Blut und seine Zusammensetzung, die Tätigkeit der Drüsen mit interner Sekretion und die Hormonwirksamkeiten, sowie die Zusammensetzung der Nervenströme und ihre Richtungen. Die Nervenströme korrespondieren mit dem Bewußtsein bzw. dem Denken.

Man kann daher den spirituellen Weg auch von außen, physiologisch und anatomisch, beschreiben, und die Geistesschule des Rosenkreuzes tut dies auch, um zu zeigen, daß der Weg nicht nur eine subjektive, für den materiellen Körper folgenlose, sondern auch eine objektive, die ganze Materie des Körpers verändernde Gegebenheit ist.

Es gibt drei Entscheidungszentren im Menschen – das Haupt, vor allem als Sitz des Denkens und Wollens, das Herz, vor allem als Sitz der Gefühle und Wünsche, und das Leber-Milz-System – überhaupt die Organe im Unterleib –, als Sitz der Energien und Triebe und als Pforte für karmische Einflüsse.

Auf dem spirituellen Weg regt sich der Geistfunke im Menschen und macht sich, zunächst im Herzen, bemerkbar. „In den meisten Fällen trägt es sich so zu, daß auf Grund der einen oder anderen heftigen Erschütterung im gewöhnlichen Leben das Geistfunkenatom im Herzen kräftig zu vibrieren beginnt. Bis zu diesem Augenblick wurde es, infolge der Lebensführung und Blutqualität des gewöhnlichen Menschen, dermaßen latent und eingekapselt gehalten, daß es durch das Licht der göttlichen Sonne nicht geweckt werden konnte. Wenn dann jedoch, auf Grund bitterer Erfahrung, ein zeitweiliger Zusammenbruch im Leben eintritt, durch den auch das Blut tief betroffen wird, wird eine der sieben Herzkammern geöffnet, das darin eingeschlossene Feuer entzündet, und ein blendendes Licht fällt auf die Thymusdrüse, ein hinter dem Brustbein gelegenes Organ. Wenn der Thymus dafür empfänglich ist..., dann wird das Hormon der Thymusdrüse diese Lichtkraft in den Blutkreislauf einführen.

Wenn dieser Vorgang stattgefunden hat, ist es sicher, daß nach Ablauf einiger Zeit die Lichtkraft alle Hirnzentren berühren wird, zu denen sie durch das Blut hingeführt wird. Ist sie einmal im Hauptheiligtum angelangt, dann wird der betreffende Mensch unwiderruflich in erster Instanz zum Sucher geboren.... Unwiderstehlich entwickelt sich nunmehr eine Reihe von Gedanken."[79] So entsteht also die Einsicht als erste Phase des Weges. Durch den Einfluß der Lichtkraft des Geistes, die neues Bewußtsein ist, werden dem Schüler der Zustand der Welt, sein eigener Zustand und die neue Möglichkeit des Lebens aus dem Geist bewußt.

Alles kommt jetzt darauf an, daß das Herz von den Wünschen und Begierden der Selbstbehauptung gereinigt wird. Das geschieht dadurch, daß die Kräfte des Geistes im Herzen als Sehnsucht, als neues „Begehren", wirksam werden, als Begehren, „heil" zu werden. Dieses Begehren, das allmählich das ganze Blut erfüllt und die interne Sekretion verändert, ersetzt schrittweise alle anderen Wünsche und die bisherige Wirksamkeit der internen Sekretion. Das ist die zweite Phase des Weges, und wenn sich das Denken im Haupt und die Nervenströme des Bewußtseins im Rückenmark den neuen Kräften im Herzen fügen, entsteht eine immer größere Freiheit des Denkens. Herz und Haupt werden aufeinander abgestimmt, eins ergänzt das andere in der neuen Geistwirksamkeit.

Sind diese Einheit zwischen Haupt und Herz, die neue Hormonwirksamkeit im Blut und die neuen Nervenströme einigermaßen stabilisiert und Ruhe im Wesen eingekehrt, kann der Prozeß der Reinigung und wenn nötig Auflösung der Energien und Impulse aus dem Energiezentrum, dem Leber-Milz-System, beginnen, wo sich die Wurzel der Selbstbehauptung befindet. Denn dort „wohnt das ‚Ich', das Bluts-Ich, die irdische Seele.... In diesem System hat es nicht allein bildlich, sondern auch buchstäblich seinen Aufenthaltsort. Die Leber, die Milz, die Nieren und Nebennieren, zusammen mit dem Plexus solaris (dem Sonnengeflecht, dem bekannten Becken-Hirnzentrum), bilden die Domäne des Bluts-Ichs, des Begierdenwesens."[80] Jetzt wird „durch diese Zirkulation völlig anderer Ätherkräfte, reiner Christusäther, ... die Festung des Ichs angegriffen; das Ich, das Begierdenwesen, wird aus dem Beckenzentrum vertrieben, und ein neues Begierdenwesen wird geboren, die Verkörperung des großen Heilbegehrens."[81] So werden dem Denken die Impulse aus dem Energiezentrum zunehmend bewußt. Und unterstützt vom Heilbegehren des Herzens, lernt es, sich dem Zugriff dieser Energien zu entziehen. In dem Maß, wie diese Energien nicht mehr angewendet werden, werden sie schwächer. Der Schüler ist in die dritte Phase des spirituellen Weges eingetreten. Der alte Wille wird schrittweise durch einen neuen ersetzt.

Die Richtung der physiologischen Abläufe kehrt sich jetzt um: Hatte früher das Leber-Milz-System Regie geführt und sich selbstbehauptend Herz und Haupt unterworfen, so dominieren jetzt Herz und Haupt, eingebettet in die Strömungen der geistigen Welt, und geben den Energien des Körpers Aufgabe und Richtung.

„Wenn nun das göttliche Licht im Hauptheiligtum entzündet ist, sehen wir, wie diese Kraft in den rechten Strang des Sympathikus einströmt, bis in den Plexus sacralis, am unteren Ende des Rückgrats.... Wir sehen..., wie der Gnadenstrom der Gnosis das ganze Wesen erfüllt und entlang dem Turm der Mysterien bis in die irdische Kammer des Plexus sacralis hinabtaucht. Dort... wird das impulsgebende Feld mit dem offenbarenden, dem reagierenden Feld verbunden. Und nun muß der Strom über dieses reagierende Feld, also über den linken Strang des Sympathikus, wieder aufsteigen, nach oben, zum Begegnungspunkt im Hauptheiligtum."[82]

Wenn somit die neuen Willensimpulse, geboren aus dem erneuerten Herzen und gesteuert vom erneuerten Haupt, das Nervensystem in der Rückenmarksäule, von oben nach unten, und dann wieder von unten nach oben durchströmen, werden die sogenannten Chakren (Organe der feinstofflichen Körper des

Menschen), die bisher im Dienst der Selbstbehauptung standen, allmählich zu Dienern der neuen Nervenströme und neu gepolt. Ein neues Handlungsleben ist die Folge, Kennzeichen der vierten Phase des Weges.

Schließlich kommt ein Punkt, wo auch das letzte, mit der Zirbeldrüse verbundene Chakra ganz oben am Haupt von den Kräften des Geistes durchströmt und neu gepolt ist. Dadurch wird das Denken frei, die Ströme und Kräfte aus der Geistwelt direkt, nicht nur über das Herz, aufzunehmen und das Handeln des Menschen aus der bewußten Erkenntnis der Gesetze der geistigen Welt heraus zu steuern. Das ganze Rückenmark mit den sieben Chakren wird dann von den Geistkräften, die vom Herzen ausgehen, durchströmt. Der Mensch nimmt in der fünften Phase des Weges bewußt die Geistkräfte auf und setzt sie verantwortlich um. Seine Persönlichkeit mit den drei Zentren Haupt, Herz und Leber-Milz-System wird zu einem bewußten, vollwertigen Instrument der geistigen Welt. „Es findet buchstäblich eine Veränderung des Körpers statt... wir sehen, wie sich eine ganz neue Persönlichkeit erhebt, wahrlich in und doch außerhalb der alten Persönlichkeit der Natur."[83]

Das Gesetz, nach dem der geistige Mensch angetreten ist, der Geistkeim, in der Nähe des Herzens gelegen, hat sich, über Herz und Haupt, in der ganzen Persönlichkeit entfaltet und transfiguriert sie. Ihr Denken, Fühlen, Wollen und Handeln stehen fortan im Dienst der geistigen Welt, was der sechsten und siebten Phase des Weges entspricht. Die biologischen Funktionen, die gleichzeitig noch erfüllt werden müssen, werden weiterhin vom Blut, dem Hormonsystem und den Nervenströmen wahrgenommen, ohne daß dadurch die Abstimmung des Gesamtsystems auf die geistige Welt beeinträchtigt werden könnte.

So „stellen wir fest, daß die Kraft der Nächstenliebe, die sich auf der sechsten Stufe des siebenfachen Pfades im Schüler beweist, keine Kraft, keine Eigenschaft ist, die aus dieser Natur erklärt werden kann.... Das, was sich im neuen magnetischen

Kreislauf beweist, ist ‚Gott, im Fleisch geoffenbart'.... Das ist Nächstenliebe: ein tatsächlich in der Gnosis strahlendes existentielles Vermögen. Dahinter steht nicht das Ich, es ist nicht die Folge eines Beschlusses: ‚Nun muß ich aber meine Nächsten liebhaben!'... Wer dieses Vermögen besitzt, steht existentiell im Menschendienst; er kann es nicht lassen, denn dieses Vermögen ist da, es umgibt ihn von allen Seiten."[84]

Und der „Bruder und die Schwester der siebenten Stufe zeigen eine verherrlichte neue totale Persönlichkeit, eine stoffliche Körpergestalt mit einbegriffen." Sie leben aus der „Liebe, die Gott, Geist und Licht genannt wird. Sie werden es nun so verstehen, wie Paulus es verstand: Wenn Sie alles hätten und es mangelte Ihnen diese Liebe, dieser neue Seinszustand, so hätten und wären Sie nichts. Denn diese Liebe, die Gott ist, dieser Adlerflug des Geistes, ist das Endziel, das große und herrliche Endziel für alle, die in dieser Zeitwende zum Licht gerufen werden."[85]

Aus dieser Darstellung ergibt sich, daß der Weg der Transfiguration sich von so manchen alten, besonders östlichen, Einweihungswegen prinzipiell unterscheidet. Der Schüler arbeitet nicht von vornherein darauf hin, die Energien des Unterleibs, die sogenannte „Kundalini", zu erwecken, durchs Rückenmark hinaufzuziehen und Herz und Haupt durch sie erobern zu lassen. Das würde nämlich bedeuten, daß er zum Opfer nicht nur der biologischen Energien des Diesseits, sondern auch der karmischen Energien werden könnte. Herz und Haupt wären dann nicht auf die Ströme der geistigen Welt abgestimmt und daher auch nicht von den Kräften der geistigen Welt, die allein über die biologischen und karmischen Kräfte Herr werden könnten, erfüllt. Der Mensch würde nur über die gewöhnlichen Kräfte des Fühlens und Denkens verfügen, verstärkt allenfalls durch moralische Barrieren. Aber diese wären insgesamt dem Anstrum der „Kundalinikräfte" nicht gewachsen und würden von ihnen unkontrolliert überflutet. „Wenn der zügellose Wille den Plexus sacralis mit unheiligem Feuer entzündet hat, dann kann man das Unheilige nicht heiligen oder vergeistigen. Man kann es höchstens einige Zeit lang fesseln, bis es zu einem gegebenen Moment als verwüstendes Feuer, auf welche Weise auch immer, nach außen schlägt."[86]

Beim Weg der Transfiguration dagegen geht der Schüler stets vom Geistfunken, dem Repräsentanten des wahren Selbst im Herzen, aus und nimmt durch diese Zugangspforte die Kräfte der Geistwelt auf. Sie dringen über sein Herz ins System der Persönlichkeit ein und erneuern zuerst Herz und Haupt, um dann auch die Willens- und karmischen Energien unter ihre Herrschaft zu bringen. „Der neue Wille ist infolgedessen das Feuer, die geistige Schöpfungskraft, und dieses Feuer kann nur dann ein befreiendes und wirklich schöpferisches Werk verrichten, wenn es sich dem Haupt und dem Herzen, ihrem neuen Zustand nach, fügt."[87] Dadurch ist stets Freiheit, Bewußtheit und Verantwortlichkeit gewährleistet. Am Ende dieses Prozesses lebt der Schüler mit seinem wahren Selbst in den Strömen der geistigen Welt, was die Bestimmung des Menschen ist. Eine Erweckung der Kundalini nicht aus dem wahren Selbst und dessen Kräften dagegen würde, selbst wenn der Mensch die karmischen Kräfte dann zu beherrschen imstande wäre, bedeuten, daß er in den Strömen der feinstofflichen Welten, zu denen das Karma gehört, aufgeht. Und das ist nicht die Bestimmung des Menschen.

Innere Struktur der Geistesschule des Rosenkreuzes

Der Weg eines Schülers der Geistesschule vollzieht sich in einer Abfolge von sieben „Stufen" oder psychischer und physischer Zustände, die folgerichtig und organisch aufeinander aufbauen. Aber so, wie jeder einzelne Schüler diesen Weg geht, ist ihn auch die Geistesschule des Rosenkreuzes als Gesamtheit gegangen. Denn sie bestand zunächst aus Menschen, in denen nur die Ahnung von einem wesentlicheren Menschentum wachgeworden war. Diese Schüler durchlebten dann, unter Anleitung der Gründer der Schule – die ihrerseits den transfiguristischen Weg gingen – die einander folgenden Phasen des Weges.

Man kann die Geistesschule ihrem Aufbau nach mit einer Stufenpyramide vergleichen: Die Basis ist die Mitgliedschaft, die erste Stufe das sogenannte vorbereitende Schülertum, die zweite das sogenannte bekennende Schülertum, der noch das sogenannte Schülertum auf Probe vorgeschaltet ist. Diese beiden ersten Stufen bilden die „äußere Schule". Die „innere Schule", die eigentliche Mysterienschule, beginnt mit der dritten Stufe. Denn ab der dritten Stufe beginnt die eigentliche Umwandlung der alten Persönlichkeit und ihre Ersetzung durch eine neue, aus neuen geistigen und seelischen Kräften lebende Persönlichkeit.

Verhältnis der Stufen zueinander

Jede Stufe hat nicht nur Bedeutung für sich selbst, sondern auch für alle anderen Stufen. Jeder Zustand ergibt sich folgerichtig aus dem vorhergehenden. Kein Zustand kann und darf deshalb übersprungen werden. So hat jeweils die niedrigere Stufe eine wichtige Bedeutung für die nächsthöhere – als ihre Bedingung und Ermöglichung.

Aber auch das Umgekehrte ist der Fall: Jede höhere Stufe hat eine Bedeutung für die nächstniedere. Die Kräfte für den Veränderungsprozeß im Schüler stammen nicht nur aus seinem eigenen Wesen – dem mehr oder weniger latenten Geistprinzip in ihm –, sondern auch aus dem Feld des Geistes selbst. Die Kräfte aus dem kosmischen Geistfeld strömen von oben, von der siebten Stufe her, durch alle Stufen nach unten, regen die individuellen Geistkräfte des Schülers auf dessen jeweiliger Stufe an und unterstützen ihn bei seiner Entwicklung. Dabei passen sie sich dem Zustand des Schülers nach Intensität und Inhalt auf jeder Stufe an, sonst könnte er sie weder empfangen noch Nutzen aus ihnen ziehen. Auf der nächsthöheren Stufe stimulieren die Geistkräfte den Schüler, ziehen ihn empor und geben ihm die Kraft zum Emporsteigen. So begegnen sich das Streben des Schülers von unten und die Hilfestellung von oben auf jeder Stufe in charakteristischer Weise.

Der Christian-Rosenkreuz-Tempel zu Calw im süddeutschen Arbeitsfeld

Die Arbeit der Geistesschule des Goldenen Rosenkreuzes

Aber, so könnte man fragen, welches ist denn die Aufgabe und das Werk der Geistesschule in der neuen Ära?... Die Bruderschaft des Rosenkreuzes wird in den kommenden Jahren eine bestimmte Wahrheit durch sich selbst „beweisen"... Die ganze Menschheit, die sich spirituell und intellektuell nennt, ist am Disputieren über das, was „Wahrheit" und was „Lüge" ist. Wenn es nun richtig ist, was wir behaupten, daß nämlich der weitaus größte Teil der Menschheit nicht mehr imstande ist, Wahrheit von Lüge zu unterscheiden, was sollte es dann für einen Sinn haben, unter Anspannung aller Kräfte der Menschheit aufs neue die Rosenkreuz-Wahrheit vorzulegen?

Deswegen wird die Geistesschule keine neue Wahrheitsorganisation gründen, nicht über die Wahrheit debattieren, jedoch eine genau bestimmte Kraft „beweisen". Die Geistesschule des Rosenkreuzes wird einen bestimmten realen Zustand ins Leben rufen... Ein jeder wird dadurch den Zustand, in dem sich Welt und Menschheit momentan befinden, auf der Basis seines Seinszustandes deutlich erkennen und auf dem Boden einer Realität seine Einstellung für oder gegen das Licht bestimmen können.
(Jan van Rijckenborgh, „Dei Gloria Intacta")

Drei helfende Faktoren

Durch welche Mittel oder Faktoren trägt die Geistesschule des Rosenkreuzes konkret zur Entwicklung ihrer Schüler auf dem siebenfachen spirituellen Weg bei? Denn dies ist ja ihre eigent-

Catharose de Petri (1902 - 1990), mit den Brüdern Leene Gründerin der Geistesschule

Jan van Rijckenborgh (1896 - 1968), Bruder von Zwier Willem Leene, einer der Gründer der Geistesschule

liche Aufgabe und Daseinsberechtigung: Menschen den Weg zur Entfaltung des wahren Selbst zu zeigen und beim Gehen dieses Weges behilflich zu sein. Die Faktoren, die in der Geistesschule für dieses Geschehen wirken, sind: die von den Gründern freigesetzten Kräfte, die Lehre und die Gruppe.

Die Gründer der Geistesschule

Hilfestellung für einen Menschen, der sein wahres Selbst entfalten will – oder besser: dessen wahres Selbst sich entfalten will –, kann nur von einem Menschen gegeben werden, dessen wahres Selbst schon mehr oder weniger wirksam ist. Ein entfalteter Zustand regt einen noch nicht entfalteten Zustand an. Man könnte von einer Art „Ansteckung" sprechen, oder auch „Induktion". Zustand wirkt auf Zustand – sofern Empfänglichkeit gegeben ist.

Die Gründer einer Geistesschule stellen die Umgebung für das wahre Selbst, in der es sich entfalten und aus der es für seine Entwicklung Kraft beziehen kann – ein geistig-seelisches „Kraftfeld" –, zur Verfügung. Es repräsentiert die Strukturen der geistigen Welt und ihre Kräfte, denen die Struktur und die Energie des wahren Selbst der Schüler entspricht.

Ohne solche Menschen stünde der Schüler vor einer unlösbaren Aufgabe, es sei denn, das wahre Selbst in ihm hätte ohnehin schon eine hohe Stufe der Entwicklung erreicht. Im allgemeinen ist aber das wahre Selbst noch in einem Embryonalzustand und braucht ein „Mutterfeld" zur Entwicklung, bis es, geboren und dann erwachsen geworden, selbständig die Kräfte des kosmischen Geistfeldes aufnehmen kann.

Und was die Selbstbehauptung der Persönlichkeit betrifft, die das entscheidende Hindernis für die Entfaltung des wahren Selbst darstellt: Sie kann sich nicht selbst auflösen. Ein Eisblock kann sich nicht selbst schmelzen. Er muß in eine Umgebung gelangen, die wärmer ist als er: Es muß ihm Energie zugeführt werden. Legt man ihn in warmes Wasser, so löst er seine harten Strukturen auf und nimmt selbst wieder die weichen „Strukturen" des Wassers und dessen höheren Energiezustand an. Insofern ist der spirituelle Zustand des oder der Gründer einer Schule, der sich in einem „Kraftfeld" manifestiert, ein entscheidender Faktor, ohne den jede Entwicklung eines Schülers unmöglich wäre.

Die Lehre

Wie aber wirkt der Zustand des entwickelteren Menschen auf den des unentwickelten ein? Geschieht es durch Suggestion, durch absichtliche, „magische" Beeinflussung, deren sich der Schüler nicht bewußt ist?

Das wäre gegen das Prinzip der Freiheit, welches ein Grundprinzip jeder Geistesschule ist. Kein verantwortlicher Mensch mit einem bewußt gewordenen wahren Selbst, geistigen Kräften und einer neuen Persönlichkeits-Struktur wird andere Menschen „magisch" im üblichen Sinn des Wortes beeinflussen. Er wirkt vielmehr über das gesprochene und geschriebene Wort, über Symbole oder Rituale, also über eine „Lehre", die von seinen Schülern bewußt aufgenommen und umgesetzt werden kann.

Wenn ein von geistigen Kräften erfüllter und aus den geistigen Gesetzmäßigkeiten lebender Mensch über diese Gesetzmäßigkeiten spricht, so äußert er Gedanken, Gefühle und Energien, die dem Niveau der geistigen Welt entsprechen. Mit Gedanken, Gefühlen und Energien, mit denen seine Worte „geladen" sind, wendet er sich an die bewußte Persönlichkeit seiner Hörer. Diese haben volle Freiheit, sich mit seinen Äußerungen auseinanderzusetzen, sie aufzunehmen oder abzulehnen. Nimmt der Schüler sie auf, so berühren sie über sein Bewußtsein die in ihm latente Anlage des wahren Selbst. Dieses wird durch die in den Worten enthaltene Kraft und Struktur angeregt und ernährt. So tritt dem Schüler allmählich sein eigenes wahres Selbst ins Bewußtsein. Er „erinnert" sich der Wahrheit wieder, die in ihm selbst verborgen und verschüttet war. Mittels des Wortes – oder geeigneter Symbole und Rituale – kommt der entfaltete geistige Zustand des Sprechers zum Ausdruck und berührt über das Bewußtsein des Hörers dessen unentfalteten geistigen Zustand, regt ihn an, nährt ihn und belebt ihn.

Die „Lehre" im weiteren Sinn tritt in drei Formen auf: erstens als gesprochenes, geschriebenes, gesungenes Wort, zweitens als Symbol bzw. Ritual und drittens als Sakrament. In jeder dieser Formen kann sie sich auf drei Aspekte beziehen: den Aspekt der Verbindung mit der geistigen Welt; den Aspekt der Erfahrung der geistigen Welt; und den Aspekt der Verwirklichung der Impulse aus der geistigen Welt.

Ein Beispiel aus der Welt der Symbole, das „Logo" der Geistesschule des Rosenkreuzes, soll dies verdeutlichen: der Kreis, in den ein Dreieck und ein Viereck eingeschrieben sind.

Verbindung mit der geistigen Welt
Den Aspekt der Verbindung mit der geistigen Welt beschreibt der Kreis, Symbol für Unendlichkeit und Ewigkeit, für die Übernatur. Er erinnert den Schüler daran, daß die Ewigkeit in seinem eigenen Wesen als Geistfunke verankert ist. Durch den Geistfunken ist er mit der Ewigkeit verbunden, vom Geistfunken ausgehend kann er mit seinem spirituellen Weg beginnen. Das Ewigkeitsprinzip in ihm ermöglicht ihm den Weg. Der Kreis macht dem Schüler die Verbindung mit der geistigen Welt bewußt und stärkt ihn zum Gehen des Weges.

Erfahrung der geistigen Welt
Auf den Aspekt der Erfahrung der geistigen Welt beziehen sich alle Worte, Symbole und Sakramente, die die Struktur und Kraft der geistigen Welt, den gegenwärtigen Zustand von Welt und Mensch erklären und den Weg darstellen, der zur Bestimmung des Menschen führt. Wenn in einer Ansprache solche Themen erläutert werden oder wenn der Schüler entsprechende Symbole erblickt, erinnert er sich an die bisher in ihm ver-

schütteten Wahrheiten, wodurch sie zu wirkenden Kräften in ihm werden.

Das Dreieck im Logo der Geistesschule ist das Symbol für die drei universellen Kräfte des Geistes, die den Menschen in seinen drei Bewußtseinszentren berühren: Haupt, Herz und Energiezentrum. Sie entsprechen in christlicher Terminologie „Vater", „Sohn" und „Heiligem Geist". In diesen drei Bewußtseinszentren erfährt der Schüler die Kräfte der geistigen Welt. Im Herzen erlebt er die Gewißheit, zur Ewigkeit gerufen zu sein, und öffnet sich für diese Kräfte. Im Haupt wirken sie als lebensleitende Inspiration. Und sie durchdringen allmählich sein ganzes Leben und gestalten es neu. Sieht er das Logo und besinnt sich besonders auf das Dreieck, so wird ihm bewußt, welche Kräfte im Lauf des Weges von ihm aufgenommen und umgesetzt werden sollen.

Das Dreieck entspricht überdies einer Formel, die in der Geistesschule des Rosenkreuzes häufig vors Bewußtsein des Schülers gestellt wird: „Einheit, Freiheit, Liebe". Im Herzen wächst die Einheit mit dem Geist, woraus auch die Einheit mit allen anderen aus dem Geist lebenden Menschen entsteht. Geltungsstreben und Hochmut, die Abwendung vom Geist und die dadurch erfolgte Abgrenzung von anderen Menschen schwinden allmählich. Im Haupt wächst die Freiheit eines aus dem Geist schöpfenden, selbständigen Denkens. Ein im Geist und seinen Gesetzen ruhender Mensch wird frei von Erwartungen an andere Menschen sein. Er kann sie aus dem Gefängnis seiner Erwartungen an sie entlassen und braucht sie nicht zu beherrschen. Er verliert zunehmend sein Machtstreben. Und im ganzen Wesen entsteht allmählich ein neues Handeln, ein spontanes Strömenlassen der geistigen Kräfte für andere, auf der Basis der Einheit mit dem Geist und Erkenntnis seiner Gesetze: Das ist die neue Liebe, die jedes eigensüchtige, besitzergreifende Verlangen ersetzt. Wie im einzelnen Schüler, so wirken diese drei Prinzipien, wenn viele Schüler sie verwirklichen, auch in der Gemeinschaft der Schüler. Wird diese Formel ausgesprochen und dringt sie über das Bewußtsein des Schülers ans „Ohr" seines wahren Selbst, so empfindet dieses den Ansporn und die Kraft, Einheit, Freiheit und Liebe zu verwirklichen.

Verwirklichung der geistigen Welt

Ebenfalls durch Ansprachen und Symbole, Texte, Riten und Sakramente wird der dritte Aspekt der „Lehre" belebt: die Verwirklichung der Impulse der geistigen Welt. Hier arbeitet die Geistesschule vor allem mit einprägsamen, knappen Formeln, die dem Schüler immer wieder vor Augen führen, welche Schritte auf dem Weg anstehen und welche Probleme er besonders beachten muß. Damit setzt sie die Tradition aller Mysterienschulen und ursprünglichen Religionen fort. Man denke etwa an die „Goldenen Verse" des Pythagoras, oder auch an die Bergpredigt des Matthäusevangeliums, die nichts anderes ist als eine Beschreibung der Stufen des spirituellen Weges (die „Seligpreisungen") und der Bedingungen und Lebensregeln auf diesem Weg, die auf der Basis spiritueller Kräfte verwirklicht werden können.

Dieser dritte Aspekt der „Lehre", die Verwirklichung der Impulse des Geistes, wird durch das Viereck im Logo der Geistesschule versinnbildlicht. Erblickt es der Schüler, so fühlt er sich aufgerufen, auf der Basis der Berührung durch den Geist und der Erfahrung seiner Kräfte daran zu arbeiten, daß seine vierfache Persönlichkeit wieder zu einem Tempel des Geistes wird, durch den der Geist in der Welt für andere wirken kann.

Das Viereck bezieht sich auf die Verwirklichung des spirituellen Weges in den vier Körpern der Persönlichkeit. Es ist das freimaurerische „Viereck des Baues" oder „Viereck des Teppichs", auf dem der Schüler steht. Er richtet erstens seinen Mentalkörper, sein Denken, eindeutig auf die geistige Welt und empfängt seine Gedanken aus ihr. Dadurch kann er zweitens „streitlos" sein: Seine Empfindungen, sein Astralkörper, sind nicht mehr durch Sympathie und Antipathie bestimmt, was immer Konflikte hervorruft, sondern durch Mitgefühl, Liebe und Neutralität inmitten der Gegensätze. Wird er auf diese Weise frei von Konflikten, so organisieren sich drittens seine Lebensenergien, sein Ätherkörper, neu. Im harmonischen Wechsel zwischen Aufnehmen und Ausströmen geistiger Kräfte kommt sein Energiehaushalt auf einem neuen Niveau in Ordnung und kann er seine spirituellen und weltlichen Aufgaben wahrnehmen. Dadurch gelangt er, viertens, zu einem Handeln nicht mehr für sich selbst, sondern für andere, in Einheit mit der geistigen Welt. Bezogen auf sein Leben in der Gemeinschaft der Schüler bedeutet das „Gruppeneinheit": Verantwortung für die andern, Handeln für die andern, als vierte Seite des „Vierecks des Baues", die den Stoffkörper repräsentiert.

So ist vielleicht ersichtlich, wie die „Lehre" aus dem Kraftfeld heraus auf das Bewußtsein des Schülers und über das Bewußtsein auf sein wahres Selbst einwirkt. Im Kraftfeld des lebenden Körpers sind alle Strukturen des entfalteten wahren Selbst und des spirituellen Weges enthalten. Sie umgeben den Schüler als Kraftlinien. Der aus diesem Kraftfeld heraus wirkende Mitarbeiter und die vom Schüler bewußt erlebten Symbole machen diese Strukturen wirksam und beleben sie. Das wahre Selbst des Schülers empfindet dadurch, wie seine Strukturen angeregt und genährt werden.

Äußere Lebensregeln

Bestandteil des verwirklichenden Aspektes der „Lehre" sind auch Hinweise auf ein neues Verhalten des Schülers zu seinen Mitmenschen in Privatleben und Beruf. Ein solches Verhalten ergibt sich von selbst, wenn der Schüler mehr und mehr bewußt aus den Impulsen des Geistfunkens zu leben beginnt. Diese Hinweise schließen auch Regeln ein, die sich auf den Körper, speziell die Ernährung, beziehen. Der Schüler der Geistesschule des Rosenkreuzes lebt lacto-vegetarisch. Erstens möchte er nicht die Veranlassung dazu sein, daß hochorganisierte Lebewesen getötet werden. Denn jede Tötung eines Tieres tötet in der Seele des Töters etwas – indirekt auch in der Seele des Menschen, der Veranlassung zu dieser Tötung gibt – und bindet ihn an das Getötete. Zweitens weiß der Schüler, daß sein Stoffkörper, von dem sein Bewußtsein, seine Gedanken und Gefühle bis zu einem gewissen Grad abhängen, so ernährt werden muß, daß die geistigen Impulse nicht unnötig behindert werden. Und sicher wird durch den Verzehr von tierischem Fleisch und Blut, in denen in hormoneller Form noch die Empfindungen des Tieres beim Geschlachtetwerden enthalten sind, die Beschaffenheit des Stoffkörpers nicht reiner. Es gibt eiweißhaltige vegetarische Kost, die den Nährwert von Fleisch reichlich ersetzt.

Ebenso verzichtet der Schüler auf Rauchen, Alkohol, Narkotika und Tranquilizer jeder Art. Die darin enthaltenen Stimulanzien und Beruhigungsmittel verändern die Organe des Gehirns, in denen Bewußtsein und Wahrnehmung lokalisiert sind, und öffnen diese Organe zum Teil für unkontrollierte Einflüsse aus der Spiegelsphäre. Doch diese feinen Bewußtseinsorgane sollen auf dem spirituellen Weg empfänglich für Impulse aus der Welt des Geistes werden. Die Impulse des Geistkerns im Schüler schaffen sich, wenn sich der Schüler auf sie abstimmt, selbst veränderte Bewußtseinsorgane, die den Geist wahrnehmen und auf ihn reagieren können. Werden sie aber durch forcierte Einwirkungen von außen geöffnet, können sie beschädigt werden, oder die dann eindringenden Einflüsse aus der Spiegelsphäre verdrängen und blockieren die Impulse aus der geistigen Welt.

Auch wird der Schüler besondere Wachsamkeit gegenüber Einflüssen der modernen Massenmedien und Werbung entwickeln, die versuchen, über das Unbewußte Triebe, Wünsche und Illusionen zu mobilisieren. All dies, so erlebt der Schüler innerlich, steigert die Ichbezogenheit, von der er doch gerade frei werden will. Er wird sich informieren, aber nicht sich gegen seinen Willen und seine spirituellen Zielsetzungen beeinflussen lassen.

Eine solche Lebensführung wird für den Schüler erst in der zweiten Phase des Weges verbindlich, nachdem er in der ersten Phase des Weges selbständig Einsicht in den Sinn, ja die Notwendigkeit dieses Verhaltens auf dem spirituellen Weg gewonnen hat. Er bemerkt dann auf der Basis neuer Erfahrungen, etwa der wachen inneren Ruhe und Klarheit, selbst, wie ihn Fleischnahrung, Rauchen, Alkohol usw. dieser wachen Ruhe und Klarheit wieder berauben können.

Die Lehre als Kraft

Der Schüler wird durch seine Erfahrungen mit den drei Aspekten der Lehre allmählich lernen, was diese Lehre eigentlich ist. Sie ist als Darstellung und Belebung der Gesetzmäßigkeiten der geistigen Welt in erster Linie kein System von Begriffen, das sich der Intellekt aneignen sollte, und schon gar kein Dogmensystem, an das sich die Empfindung gläubig klammern könnte. Der Schüler erfährt, durch Beschreibung und Belebung angeregt, selbständig die Kraft und Struktur der geistigen und der auf sie bezogenen seelischen Welt.

Es kann unter dieser Voraussetzung keinen Streit um die Wahrheit von Dogmen oder Hypothesen geben. Es gibt nur mehr oder weniger umfassende Erfahrungen in der Welt des Geistes, und sie sind, als Erfahrungen, wahr, mögen sich auch die des einen Schülers von denen des anderen unterscheiden. Die Schüler erleben nur unterschiedliche Aspekte ein und derselben Wirklichkeit.

Genauso ist die Lehre, soweit sie sich auf die Verwirklichung der geistigen Impulse bezieht, nicht in erster Linie eine Ethik oder ein System moralischer Anweisungen. Selbstverständlich wird der Schüler sein äußeres Verhalten so gut es geht auf die genannten Formeln abstimmen. Aber diese Praxis ist nur ein Hilfsmittel, kein Selbstzweck. Die Geschichte hat immer gezeigt, daß solche Praxis, zum Selbstzweck geworden, nur zu Selbstgerechtigkeit, Fanatismus und Starrheit führt. Der Schüler erkennt stattdessen allmählich, daß das äußere, ethisch-moralische Verhalten nur eine notwendige Bedingung für die Entfaltung des wahren Wesens ist, aber keine hinreichende Bedingung. Er kann sich noch so sehr abmühen, diesen Regeln zu entsprechen und ein „guter Schüler" zu sein. Aber zur Entfaltung zwingen kann er sein wahres Wesen nicht. Erst wenn er erkennt, daß die äußeren Regeln nur unterstützende Maßnahmen sind und von daher ihre Berechtigung besitzen; erst wenn er bereit ist, die Hoffnung und den Glauben loszulassen, allein schon durch die Erfüllung dieser Regeln könne sein wahres Selbst frei werden, gibt er dem wahren Selbst die Chance, sich spontan zu entfalten. Es entfaltet sich frei nach den ihm eingeschriebenen Gesetzen und benützt dann die äußere Lebensführung des Schülers, um sich auszudrücken.

Sakramente

Ein Aspekt der Lehre im weiteren Sinne sind neben dem Wort und den Symbolen die Sakramente. Die Geistesschule des Rosenkreuzes kennt mehrere Sakramente, u. a. Taufe und Ehesakrament. Sakramente sind äußere, sichtbare Handlungen, durch die ein Schüler auf besondere Weise mit bestimmten Aspekten des Kraftfeldes der Schule, also mit bestimmten Kräften aus der geistigen Welt verbunden wird. Entscheidend sind dabei die geistig-seelischen Vorgänge im Schüler. Das äußere Ritual ist nur die sichtbare Bestätigung und dadurch Befestigung dieser Vorgänge.

Die Gruppe

Das dritte große Hilfsmittel auf dem spirituellen Weg neben dem von den Gründern der Schule unterhaltenen Kraftfeld und der Universellen Lehre ist die Gruppe. Die Kraft der Gründer, die über das Kraftfeld von Mitarbeitern und Schülern aufgenommen wird, und die Lehre, die in ihren drei Aspekten das wahre Wesen der Schüler anregt, werden durch die Gruppe enorm verstärkt. Die Schüler der Geistesschule des Rosenkreuzes regen – durch Gespräche über die Lehre, durch Orientierung an Vorbildern, durch Hilfe für mit sich ringende Schüler, durch die gemeinsam wachsenden neuen Einsichten, die gemeinsam wachsende Selbsterkenntnis, die Sehnsucht nach neuen Erfahrungen und durch gemeinsame organisatorische Arbeiten im Dienst der Geistesschule – unaufhörlich einander an. Dabei werden sie sehr darauf achten, jeden Mitschüler seine eigenen Erfahrungen machen zu lassen und keinen sozialen Druck auf ihn auszuüben. Denn das wäre keine Anregung des wahren Selbst, das nicht anders leben kann, als frei.

Tempeldienste

Die Veranstaltungen in der Geistesschule des Rosenkreuzes, in denen alle drei „Hilfsmittel" der Geistesschule in besonderer Weise wirksam werden und einander verstärken, sind die sogenannten Tempeldienste. Ein Tempeldienst besteht aus einem gesprochenen „Ritus", den in der Regel eine Frau vorträgt, aus einer von einem Mann gehaltenen Ansprache und aus Musik und Liedern. Der Ritus spricht Herz und Gefühl des Hörers an. Er enthält meist Zitate aus der Universellen Lehre, den heiligen Schriften aller Zeiten, und wirkt vor allem durch Bilder, Symbole und Poesie. Die Ansprache behandelt in eher philosophisch-begrifflicher Form einen Aspekt der Universellen Lehre und richtet sich damit vorwiegend an den Verstand, das Haupt des Menschen. Die Musik ist auf Ritus und Ansprache abgestimmt und unterstützt beide.

Themen

Die Themen der Tempeldienste sind vielfältig, so mannigfaltig wie die Universelle Lehre selbst: die Struktur der geistigen Welt, ihre Kräfte und ihre Entfaltung; die Menschheit und der Mensch als geistiges Wesen, eingebettet in diese geistige Welt und sich mit ihr entwickelnd; der gegenwärtige Zustand von Welt und Menschheit, ihre Abgetrenntheit von der geistigen Welt; der Weg, auf dem diese Trennung beseitigt werden und das wahre Selbst, das eins mit der geistigen Welt ist, wieder bewußt und wirksam werden kann; die Bemühungen seitens der geistigen Welt, über Abgesandte Menschen in der vom Geist getrennten Welt zu erreichen, ihnen ihre Bestimmung zu erklären und den Weg zur Erfüllung dieser Bestimmung zu ermöglichen. All diese Aspekte der Universellen Lehre können, je nach Religion, Kultur und Volk, in denen sie einst artikuliert worden waren, in den verschiedensten Symbolen erscheinen, und so werden sie in den Tempeldiensten in immer wieder anderen Facetten und Bildern dargestellt: seien es die Symbole des Taoismus, des Hinduismus und Buddhismus, der griechischen Philosophie, der gnostischen Mysterienschulen, der mittelalterlichen Mystiker, der christlichen Bibel oder der klassischen und modernen Rosenkreuzer. Dies alles aber nicht, um zu bilden oder Wissen zu vermitteln, sondern weil in diesen Symbolen aus allen Perioden der Menschheitsgeschichte Erfahrungen des Menschen mit der geistigen Welt zum Ausdruck kommen.

Diese Erfahrungen können durch das Wort wiederbelebt und dadurch zum Mittel werden, das wahre Selbst der Hörer an die nämlichen Erfahrungen zu erinnern. Das wahre Selbst der Hörer erkennt dadurch seine Verbindung im Geist mit allen Menschen und durch alle Zeiten hin und freut sich dieser Universalität.

Symbole

Zusätzlich zum gesprochenen Wort und zur Musik geschieht die Wirkung vom Zustand des Sprechers auf den Zustand des Hörers auch über sichtbare Symbole, seien es Bilder und Zeichen, seien es, in begrenztem Ausmaß, rituelle Handlungen. Der Tempel, in dem sich die Schüler während eines Tempeldienstes aufhalten, ist selbst ein solches Symbol. Er erinnert den Schüler daran, daß seine eigene Persönlichkeit ein „Tempel" ist, in dem der Geist, das wahre Selbst, im Augenblick nicht wirklich wohnen kann. Der alte „Tempel" muß daher abgerissen und durch einen neuen, eine würdige Wohnstätte für den Geist, ersetzt werden. Jeder Schüler reißt wie Jesus seinen alten Tempel „in drei Tagen" ab (sie entsprechen den drei großen Entwicklungsphasen auf dem Weg: Verbindung mit der geistigen Welt = Glaube, Erfahrung der geistigen Welt = Erkenntnis, und Verwirklichung der geistigen Welt = Tat), und baut in drei Tagen einen neuen auf: eine transfigurierte Persönlichkeit, einen „Geistleib".[88] Damit knüpft die Geistesschule des Rosenkreuzes an die christliche Symbolik, aber auch an die Freimaurersymbolik der Hiram-Abiff-Legende an, der der salomonische Tempelbau zugrundeliegt. Der Schüler baut auch nicht nur an seinem eigenen neuen „Tempel", sondern er ist ein „Stein" im großen neuen Tempel der Menschheit, der auf den Prinzipien von Wahrheit, Güte und Schönheit errichtet werden muß.

Im Mittelpunkt jedes großen Tempels der Geistesschule des Rosenkreuzes befindet sich ein Brunnen mit einer Rose. Er versinnbildlicht das im Herzen des Mikrokosmos aufsteigende lebendige Wasser. Sieben Stufen – Erinnerung an die sieben Stufen des Weges – führen von dort zum sogenannten „Platz des Dienstes", einem Podium, von dem aus die Riten und Ansprachen gehalten werden. In einiger Entfernung von diesem Podium steht ein siebenarmiger Leuchter. Er erinnert daran, daß in jedem Schüler ein siebenfaches neues Bewußtsein, in dem sich der „Siebengeist" ausdrückt, aufleuchten muß. Auf der anderen Seite des Podiums steht ein Altartisch mit aufgeschlagener Bibel. Denn das alles erschaffende und erhaltende göttliche „Wort", die Kraftlinienstruktur der geistigen Welt, wartet darauf, „gelesen" und „vorgetragen", nämlich im Menschen bewußt und wirksam zu werden. An der Stirnwand hinter dem Platz des Dienstes befindet sich oberhalb des Leuchters die Figur des Hermesstabes, oben mit zwei Flügeln versehen und von zwei Schlangen umwunden, der, kosmologisch betrachtet, zeigt, welchen Gang die Menschheitsentwicklung im Lauf der Involution und Evolution des Geistes genommen hat und nehmen wird. Anthropologisch gesehen ist der Stab Bild für das Rückgratsystem des Menschen, in dem das Bewußtseinsfeuer zirkuliert. Es muß im Lauf der individuellen und der Menschheitsentwicklung erneuert werden. Auf die besondere Aufgabe und Stellung der Geistesschule des Rosenkreuzes in dieser Menschheitsentwicklung weist, kosmologisch betrachtet, die Figur des Rosenkreuzes hin, das oberhalb des Altars an der anderen Seite der Tempelstirnwand hängt. Anthropologisch betrachtet symbolisiert es den christlichen Einweihungsweg.

So ist der Schüler im Tempel von Symbolen umgeben, die den Aufbau seines Mikrokosmos, seinen spirituellen Weg und den spirituellen Weg der Menschheit widerspiegeln. Kennt er die Bedeutung dieser Symbole, so machen sie ihm seinen Zustand, seine Aufgabe und sein Ziel im Rahmen der Menschheitsentwicklung bewußt.

Jeder Tempeldienst ist wirklicher Gottesdienst. Es geht nicht um Erbauung und Besinnlichkeit. Es geht vielmehr, durch die Umsetzung göttlicher Kräfte, um die Erbauung des neuen Tempels einer transfigurierten Persönlichkeit, in der das wahre Selbst Gott dient. Es dient Gott, indem es sich als das Ebenbild Gottes, als das es geschaffen ist, entfaltet. Es dient Gott, indem es die Kräfte Gottes für andere freisetzt. Denn alle in einem Tempeldienst freiwerdenden Kräfte kommen nicht nur den Schülern, sondern wegen der Verbundenheit der ganzen Menschheit allen dafür empfänglichen Menschen zugute.

Konferenzen

Die intensivste Form des Gruppenerlebens sind die sogenannten Konferenzen: Wochenend-Treffen einer großen Anzahl Schüler. Über einen Zeitraum von zwei Tagen werden in einer Reihe von Tempeldiensten die Kräfte aus dem neuen Lebensfeld freigesetzt und durch das gemeinsame Erleben verstärkt. Auf solchen Konferenzen lassen die Schüler nach Möglichkeit alle Sorgen und Wünsche, die sie zuhause beschäftigen, hinter sich. Die Aktivitäten außerhalb der Tempeldienste: gemeinsames Essen, gemeinsame Ruhezeiten, Gespräche und Spaziergänge, sind alle auf den Empfang und die Vorbereitung und Weitergabe der spirituellen Kräfte gerichtet. Kein störender Einfluß durch Zeitungen, Radios und Fernsehen mischt sich ein. Die Schüler können zur inneren Stille gelangen, die Voraussetzung für den Empfang, die Verarbeitung und Weitergabe spiritueller Kräfte ist, und werden entsprechend auch die äußere Stille suchen, die die innere unterstützt und ihr Ausdruck ist.

Geheimhaltung?

Jeder Interessent kann sich frei über Ziele und Arbeitsmethoden der Geistesschule des Rosenkreuzes informieren und an öffentlichen Veranstaltungen teilnehmen. Die ganze Literatur der Geistesschule steht ihm zur Verfügung. Und da nach einem Motto der klassischen Rosenkreuzer „mit dem Gold beginnen muß, wer zum Gold gelangen will", kann der Interessent sicher sein, daß er schon in der Literatur und den öffentlichen Veranstaltungen der Schule prinzipiell alles über Ziel, Lehre, Arbeitsweise und die Eigenschaften des spirituellen Weges erfährt. Der Kern des Geistes und der Schule spiegelt sich auch in seinen äußersten Hüllen wider. Was einem Interessenten gesagt und übermittelt werden kann, wird ihm gesagt und übermittelt. Was er nur selbst erleben kann, das muß er auch selbst erleben. Aber jeder, der sich zu diesem Weg, nach freier Information über Bedingungen und Ziel, entschließt, ist eingeladen, frei diesen Weg zu gehen und die entsprechenden Erfahrungen zu machen.

Bestimmte Veranstaltungen jedoch sind nur für Schüler zugänglich. Denn der spirituelle Weg bringt eine Veränderung des Wesens des Menschen mit sich. Er ist eine Abfolge von sich aus einander entwickelnden besonderen psychischen und spirituellen Zuständen. Wer diesen Weg nicht geht, durchläuft diese Zustände nicht. Insofern unterscheidet sich das Kraftfeld der Geistesschule des Rosenkreuzes in Struktur und Schwingung von den Kraftfeldern des gewöhnlichen gesellschaftlichen Lebens. Die Schülerveranstaltungen des Lectorium Rosicrucianum repräsentieren ein spirituelles Kraftfeld und dienen der Entfaltung des wahren Wesens der Schüler. Ein Teilnehmer, in dem die spirituellen Kräfte noch nicht angeregt oder wirksam sind, würde diesen Prozeß nachhaltig stören – wie ein Magnet, der in ein Feld vieler anders gerichteter Magnete geriete.

Aber nichts wäre der Geistesschule des Rosenkreuzes lieber, als wenn ihr Ziel jedermann bekannt wäre und jedermann sich entschließen würde, den Weg, der zu diesem Ziel führt, zu betreten. Nichts wäre ihr lieber, als wenn sich jedermann die Erfahrungen, die ihre Schüler machen, ebenfalls erarbeitete. Denn in jedem Menschen ist das Ziel der Entfaltung des wahren Selbst angelegt.

Keine Übungen

Der Weg der Schüler der Geistesschule des Rosenkreuzes kennt keine Übungen und Techniken mentaler, psychischer und physischer Art. Das mag den Außenstehenden verwundern, nach allem, was er über esoterische Gemeinschaften und ihre Methoden vielleicht gehört hat. Aber diese bewußte Abstinenz von Übungen und Techniken ist erklärlich, ja logisch und notwendig, wenn man die Voraussetzungen der Arbeit der Geistesschule des Rosenkreuzes und den Charakter des in ihr gegangenen befreienden Weges bedenkt.

Was geschieht auf dem Weg? Ein allmähliches Wachstum und dadurch eine Bewußtwerdung des wahren Selbst einerseits, ein Abbau der Ichbezogenheit und der ichbezogenen Bindungen an Welt und Menschen andererseits. Und dieses Wachstum ereignet sich in einem aus der geistigen Welt gespeisten Kraftfeld.

Es ist notwendig, daß das wahre Selbst auf dem spirituellen Weg Nahrung und Energie zugeführt bekommt. Viele esoterische Gruppen sind deshalb der Ansicht, man müsse sich diese Energien z. B. durch Meditation auf bestimmte Mantren oder durch Atemtechniken besorgen. Doch in der Geistesschule des

Rosenkreuzes stehen diese Energien jedem Schüler durch das ständig vorhandene und in den Tempeldiensten regelmäßig belebte Kraftfeld zur Verfügung. Es bedarf keiner besonderen Techniken, sie sich anzueignen. Dabei ist noch die Frage, ob sich der Geist wirklich durch solche Methoden herbeizwingen ließe. Der Geist weht, wo er will, und absichtliche Anstrengungen, ihn sich zu „besorgen", werden ihn aussperren. Man wird durch solche Anstrengungen nur Energien und Kräfte aus den feinstofflichen Welten des Jenseits anziehen.

Es ist weiter die Frage, ob sich inneres Wachstum durch Methoden beschleunigen läßt. Das wahre Selbst hat seinen eigenen Wachstumsrhythmus und wächst in den Kräften des Geistes, die ihm im Kraftfeld der Geistesschule zur Verfügung gestellt werden. Jede Forcierung dieses Prozesses würde ihn nur behindern. „Meditation" ist für den Schüler der Geistesschule des Rosenkreuzes spontanes Ergebnis der Verbindung seines wahren Selbst mit der Welt des Geistes. Diese Verbindung ist prinzipiell immer vorhanden, wenn er sich im „Verlangen" nach dem Geist dem Geist öffnet und auf dem spirituellen Weg das wahre Selbst durch seine Seelenarbeit wachsen läßt. Die Kräfte des Geistes, ohnehin im Schüler wirkend, werden, indem er sie in Gedanken und Gefühlen bewegt, wirksamer und bewußter. Sie klären und reinigen sein Gedanken- und Gefühlsleben und zeigen ihm, was zu tun ist. Diese „Meditation" als spontane, aber bewußte Bewegung der aus dem Herzen aufsteigenden geistigen Kräfte in Gedanken und Gefühlen kann durch die Lektüre heiliger Schriften und durch die oben erwähnten Formeln, die den Weg und seine Verwirklichung beschreiben, angeregt werden und wird regelmäßig durch die Tempeldienste ausgelöst.

Wie werden andererseits dem Schüler auf dem spirituellen Weg seine Ichbezogenheit und die entsprechenden Bindungen an Menschen und Situationen bewußt und wie überwindet er sie? Die entscheidende Voraussetzung ist, daß sich das wahre Selbst im Schüler in Form des Verlangens nach dem Geist bemerkbar macht. Auf diesem Hintergrund kann er seine Ichbezogenheit erkennen, und dann in den Kräften des Geistes auch handelnd – oder bewußt unterlassend – auflösen.

Auch die Geistesschule des Rosenkreuzes ist der Auffassung, daß äußere Stille dieser Bewußtwerdung förderlich sein kann. Innere Stille jedoch ist notwendige Voraussetzung dafür. Aber eine durch meditative Übungen erzeugte innere Stille wird keine spontan gewachsene Stille sein. Im Schüler der Geistesschule des Rosenkreuzes entsteht die innere Stille immer wieder spontan durch das Wirken der geistigen Kräfte in ihm, die durch das Kraftfeld der Schule bestärkt werden. Das kann in meditativer Abgeschiedenheit, kann aber auch in der heftigsten äußeren Unruhe geschehen. So kann dem Schüler seine Ichbezogenheit stets, sei es in äußerer Stille, sei es in äußerer Unruhe, bewußt werden.

Was aber, nach dem Erkennen der Ichbezogenheit, das praktische Loslassen der Ichbezogenheit und ihre Überwindung betrifft, so läßt sich das am besten im Alltag erlernen und praktizieren. Im Alltag wird der Schüler mit der Wirklichkeit seines Wesens konfrontiert. Die Reaktionen der Außenwelt auf ihn und seine Reaktionen auf die Außenwelt zeigen ihm deutlich genug, wo er noch ichbezogen lebt. Im Alltag muß sich der Schüler, unterstützt von den in ihm wirkenden Geistkräften, bewähren. Würde er nur im Gedankenraum und meditativ loslassen, so bestünde die Gefahr, daß die Bindungen in der Realität doch erhalten blieben und höchstens verdrängt würden.

Das Gebet

Ebenso prüft der Schüler der Geistesschule des Rosenkreuzes auch die verschiedenen Arten des Gebetes sehr genau. Ein vom Ich und dessen Interessen ausgehendes Gebet, das den Menschen mit der geistigen Welt in Verbindung bringen soll, wird dieses Ziel unbedingt verfehlen. Es steht ja die Ichbezogenheit dahinter. Sollte es möglich sein, daß Gott, der unsichtbare Geist, sich für die ichbezogenen Interessen des Menschen, seien sie auf das eigene Leben, seien sie auf das Leben anderer gerichtet, einspannen läßt? Ein Gebet, das den Menschen mit dem Geist verbindet, muß schon vom Geist im Menschen, vom wahren Selbst, ausgehen. „Gott ist Geist, und die ihn anbeten, müssen ihn in Geist und Wahrheit anbeten", heißt es im Johannesevangelium.[89]

So kann ein Gebet, das die Geistkräfte des wahren Selbst im Menschen anregt und sie mit den kosmischen Geistkräften verbindet, nur vom wahren Selbst des Menschen ausgehen – was voraussetzt, daß das ichbezogene Wesen schweigt. Ein solches Gebet kann nur zum Ziel haben, daß die Welt des Geistes im Menschen und in der Menschheit wirksam werde. Die drei ersten Bitten des Vaterunsers beziehen sich auf dieses Ziel.

Voraussetzung dafür ist wiederum, daß alle Ichbezogenheit, die der Wirksamkeit des Geistes im Weg steht, schwindet. Daher schließt ein vom Geist im Menschen ausgehendes Gebet auch die Bitte ein, daß alle ichbezogenen Vorstellungen, Wünsche und Ideale schwinden mögen. Die vier letzten Bitten des Vaterunsers verleihen den verschiedenen Aspekten dieser großen Bitte Ausdruck.

Wenn aber ein solches Gebet sinnvoll sein soll, so darf es sich nicht nur im Innern des Menschen abspielen. Der Mensch muß in der äußeren Welt auch entsprechend handeln. Wenn er im Alltag seine ichbezogenen Bindungen nicht losläßt und auflöst, wenn er die Impulse aus dem Geistfunken, dem wahren Selbst, nicht stets in den Vordergrund stellt, wird ihm alle Besinnung wenig nützen. Daher ist die Praxis des spirituellen Weges das eigentliche Gebet des Schülers einer Geistesschule.

Jan-van-Rijckenborgh-Tempel zu Bad Münder und Unterkunftsgebäude im norddeutschen Arbeitsfeld

Der Aufbau der Geistesschule

> *Solch ein hierarchischer Körper ist darum keine Rangordnung von Funktionären, sondern ein wohlorganisierter, gut zugerüsteter, aus dem Wesen der Gnosis formierter Organismus, mit dessen Hilfe das große, heilige Werk erfüllt werden kann. Solch ein gnostischer lebendiger Körper umfaßt daher auch die Elemente aller gnostischen Mysterien, die Eigenschaften einer vollkommenen Geistesschule.* (Jan van Rijckenborgh, „Die Gnosis in aktueller Offenbarung")

Die Grundverfassung der Geistesschule des Rosenkreuzes, ihr Ziel, ihr Aufbau und ihre Methoden sind von den Gründern festgelegt worden, im Einklang mit der Struktur des Geistfeldes, das in ihnen manifest geworden war. Aus dieser Struktur ergab sich der äußere Stufenaufbau der Geistesschule, entsprechend der inneren Stufenfolge auf dem spirituellen Weg.

An der Spitze der Geistesschule stehen gegenwärtig dreizehn Personen, die sogenannte spirituelle Leitung. In den jeweiligen Arbeitsgebieten gibt es Landesleitungen mit der Aufgabe der Koordinierung der Arbeit in ihren Bereichen. Die nächstkleinere organisatorische Einheit sind die sogenannten Zentren in den größeren Städten. In diesen Zentren finden öffentliche Vorträge und Einführungskurse in die Universelle Lehre sowie Gemeinschaftsveranstaltungen für die im Einzugsbereich wohnenden Schüler statt.

Zugang zum Lectorium Rosicrucianum

Schülertum

Wie wird ein Interessent Schüler der Geistesschule des Rosenkreuzes? Jeder Interessent kann öffentliche Vorträge des Lectorium Rosicrucianum, öffentliche Tempeldienste und einen Einführungskurs in die Philosophie des Rosenkreuzes besuchen und die überall erhältliche Literatur und die Zeitschrift der Geistesschule des Rosenkreuzes, das „Pentagramm", studieren. Auf diese Weise wird er bemerken, ob in ihm ein Echo auf die Lehre und die Kraft der Geistesschule aufklingt. Insbesondere im Einführungskurs wird er prüfen können, ob der in der Geistesschule des Rosenkreuzes gezeigte Weg auch sein Weg sein könnte. Denn in diesem Kurs werden von Schülern an zwölf Abenden in Form von kurzen Vorträgen mit anschließendem Gespräch die Hauptzüge der Universellen Lehre und Ziel, Aufbau und Arbeit der Geistesschule vorgestellt. Auf diese Weise kann sich der Interessent in aller Freiheit ein Bild von Schule und Lehre machen.

Hat ein Interessent den Einführungskurs besucht, so kann er das Schülertum beantragen und wird, wenn der Verwirklichung des Schülertums nicht gravierende Hindernisse im Wege stehen, in die Schule aufgenommen. Diese Aufnahme ist ein freier Bund zwischen dem neuen Schüler und der Geistesschule. „Die Mysterienschule des Rosenkreuzes will mit allen Interessierten eine Bindung eingehen, einen Bund schließen, auf absolut freier, demokratischer Grundlage."[90] Sie bietet ihm ein Feld, in dem er frei sein wahres Selbst entfalten kann. Über die Art der Verbindung zwischen ihm und der Welt des Geistes maßen sich die Geistesschule und ihre Mitarbeiter kein Urteil an. Das ist eine Sache allein zwischen ihm und der ihm in Form der Universellen Lehre dargestellten Wahrheit und Kraft.

Hat sich ein Interessent nach dem Einführungskurs fürs Schülertum entschieden, wird ihm die Möglichkeit geboten, diese Entscheidung noch einmal zu überprüfen. In einem Zeitraum von ca. drei Monaten kann er an Veranstaltungen für Schüler, insbesondere auch an Konferenzen, teilnehmen, um auf diese Weise noch intensiver ergründen zu können, wie er innerlich auf die Arbeit und das Kraftfeld der Schule reagiert. Hat er seine Entscheidung endgültig positiv getroffen, kann das sogenannte vorbereitende Schülertum beginnen, das in der Regel ein Jahr dauert. In diesem Jahr orientiert sich der Schüler weiter im Kraftfeld und in der Lehre der Geistesschule. Er arbeitet bewußt an der spirituellen, inneren Aufgabe, wie sie für die erste Phase des Schülerweges, den Ausgangszustand des Schülers, typisch ist: Einsicht in seinen gegenwärtigen Zustand und das spirituelle Ziel, zu dem er sich auf den Weg macht, zu gewinnen.

Nach dem vorbereitenden Jahr wird er, sofern er die ihm gebotenen Möglichkeiten genutzt hat, von der Schule eingeladen, weiterzugehen und sich intensiv mit der Aufgabe in der zweiten Phase des Schülertums zu befassen, d.h. mit dem inneren Veränderungsprozeß bewußt fortzufahren. Er erkennt jetzt, daß sich aus seinem spirituellen Ziel eine bestimmte Lebensführung ergibt, und die oben erwähnten äußeren, den spirituellen Weg unterstützenden Verhaltensweisen: Vegetarismus, Abstinenz von Narkotika, Drogen und Alkohol, werden für ihn verbindlich. Hat sich aber in der ersten Phase des Weges im Schüler ein Zustand der Empfänglichkeit für geistige Kräfte entwickelt, so wird er diese äußeren Konsequenzen als notwendig erkennen und ohne große Probleme, in freier Entscheidung, annehmen können. „Wenn das Verhältnis zwischen der Schule des Rosenkreuzes und dem...Studierenden sich auf dieser Grundlage entwickelt, dann ist von Autorität oder blindem Gehorsam keine Rede, sondern von einem innerlichen Erkennen, vom bewußten Beschreiten eines Pfades, den man im eigenen Selbst als wahr erkannt hat."[91] Auf diese Art geht es weiter: Neue innere Erkenntnisse und Kräfte, die aus der Welt des Geistes zum Schüler kommen, lassen in ihm ein neues Bewußtsein und neue psychische Zustände wachsen, wie sie den folgenden Stufen des Schülertums entsprechen.

Austritt

Jeder Schüler hat auf jeder Stufe des Weges die Freiheit, die Geistesschule des Rosenkreuzes ohne Umstände auch sofort wieder zu verlassen. Kein Hindernis wird ihm dabei in den Weg gelegt.

Mitgliedschaft

Der eigentlichen Gemeinschaft der Schüler, dem Lectorium Rosicrucianum, ist ein Kreis von Mitgliedern und das „Jugendwerk" angegliedert. Der Mitgliederkreis besteht aus Menschen, die nach dem Besuch des Einführungskurses eine lose Verbindung zur Geistesschule des Rosenkreuzes halten wollen, ohne den spirituellen Schülerweg mit den dazugehörigen Konsequenzen und Veränderungsprozessen einzuschlagen. Für die Mitglieder dieses Kreises bietet die Geistesschule des Rosenkreuzes besondere Vorträge, Schriften und Gesprächsmöglichkeiten, Tempeldienste und Konferenzen an.

Die Mitglieder dieses Kreises setzen sich aus suchenden Menschen zusammen, die vom Kraftfeld der Schule berührt und angezogen sind und sich der Wahrheit des Geistes geöffnet haben. Aber sie wollen entweder noch mehr Sicherheit gewinnen, daß der Weg der Geistesschule des Rosenkreuzes auch der ihre ist, bevor sie endgültig mit dem Schülertum beginnen, und orientieren sich weiter im Kraftfeld und über das Kraftfeld der Schule, um sich eine stabile innere Grundlage für den Weg zu erarbeiten. Oder sie ziehen es vor, sich unbegrenzte Zeit in diesem Kreis aufzuhalten. Jedes Mitglied kann jederzeit, sofern die entsprechenden Voraussetzungen gegeben sind, Schüler werden.

Unzählige Menschen empfinden heute, daß ihnen traditionelle religiöse und esoterische Lehren und Gemeinschaften keine befriedigende Antwort auf ihre existentiellen Fragen mehr geben und suchen neue Lebensorientierung. Sie können in diesem Mitgliederkreis des Lectorium Rosicrucianum eine Verstand und Herz befriedigende Lebensphilosophie finden.

Das Jugendwerk

Das Jugendwerk des Lectorium Rosicrucianum hat die Aufgabe, für Kinder, sei es von Schülern und Mitgliedern, sei es von Sympathisanten, die Möglichkeit, später den spirituellen Weg zu gehen, offenzuhalten. Es versucht, den ihm angehörenden Kindern einen objektiven Blick auf die Gegebenheiten der Welt und des Menschen zu vermitteln und ihnen eine Atmosphäre zu bieten, in der ihre tiefsten seelischen Bedürfnisse zu ihrem Recht kommen. Dadurch können die Kinder selbst innere Maßstäbe entwickeln zur Erkenntnis dessen, was ihrem wahren Wesen entspricht und welche inneren und äußeren Faktoren dieses wahre Wesen verdunkeln und behindern könnten.

Die Kinder gehen im Jugendwerk selbstverständlich noch keinen spirituellen Weg. Ein solcher Weg würde Selbständigkeit und entwickelten Verstand voraussetzen, weshalb ein Jugendlicher erst mit 18 Jahren und nach dem Besuch eines Einführungskurses das Schülertum beantragen kann. Kinder stehen zunächst vor der Aufgabe, ihre diesseitige Persönlichkeit zu entwickeln, deren Anlagen zu entfalten und auszubilden, sich mit der engeren und weiteren Umgebung auseinanderzusetzen und allmählich ihre Identität als diesseitige Persönlichkeit zu finden. Sie stehen aber auch vor der Aufgabe, diese Identität in einen umfassenderen Bezugsrahmen, ein Weltbild und die größere Identität des wahren Selbst einzubetten. Den Kindern wird im Jugendwerk Hilfestellung gegeben, diese Aufgaben zu erfüllen. Sie können sich dafür entscheiden, zunächst oder für immer alle Kräfte für die Entwicklung ihrer diesseitigen Persönlichkeit einzusetzen. Doch bietet das Jugendwerk einen Boden, auf dem das Kind auch seine tiefsten seelischen Anlagen entfalten und sich ihrer bewußt werden kann, bis es unter Umständen eines Tages als Erwachsener auf dieser Grundlage den spirituellen Weg einschlägt.

Wie das Lectorium Rosicrucianum selbst ist auch das Ju-

„Noverosa" (neue Rose). Tempel des Jugendwerks in Doornspijk, Niederlande

gendwerk international wirksam. Es hat in den Niederlanden einen eigenen internationalen Konferenzort.

Ein Kind kann mit sechs Jahren Mitglied im Jugendwerk werden. Es muß von den Eltern oder Erziehungsberechtigten angemeldet werden. Gehören die Eltern eines Jugendlichen oder ein Elternteil nicht der Geistesschule an, so ist eine schriftliche Einverständniserklärung der Eltern oder des Elternteils erforderlich. Die Jugendlichen sind in vier Altersgruppen eingeteilt: 6-9, 9-12, 12-15 und 15-18 Jahre. In der Regel finden für die Kinder und Jugendlichen besondere Tempeldienste und Gesprächsveranstaltungen, Konferenzen und Freizeiten statt.

Die Themen dieser Veranstaltungen sind jeweils altersbezogen. So sind die Jugend-Tempeldienste für die Kleineren (die 6-12jährigen) so aufgebaut, daß vor allem das Gemüt des Kindes angesprochen wird. Es wird z.B. eine Geschichte oder ein Märchen erzählt, das Inhalte aus der Universellen Lehre darstellt. Die Jugend-Tempeldienste für die 12-18jährigen dagegen sind mehr philosophisch orientiert und regen, auf der Basis der Erfahrungen, die der Jugendliche mit sich und der Welt macht, sein eigenes Denken und Urteilsvermögen an.

Die Freizeitveranstaltungen und Konferenzen geben den Kindern und Jugendlichen durch Spiele, Gespräche und gemeinsame Unternehmungen darüber hinaus Gelegenheit, Freude, Harmonie und Freundschaft zu erfahren und Spontanität, Kreativität und Offenheit für andere zu entwickeln. Jedes Kind ist eine Persönlichkeit mit eigenem Recht, ein Mikrokosmos mit seinem spezifischen Karma und seinem mehr oder weniger wachen Geistfunken. Es muß die Freiheit besitzen, nach seinem eigenen Tempo und in eigener Entscheidung seine Anlagen zu entfalten und seine Schwierigkeiten zu durchleben. Es braucht dazu aber Hilfe, und wird Hilfe akzeptieren, wenn sie in Achtung vor seiner Eigenart und mit Liebe und Verständnis gegeben wird. Es wird, wenn ihm so begegnet wird, auch lernen, anderen mit Achtung und Liebe zu begegnen.

Aspekte der äußeren Organisation

Die Geistesschule des Rosenkreuzes ist eine Gemeinschaft, deren Mitglieder einen inneren, spirituellen Weg gehen. Da dieser Weg gemeinschaftlich gegangen wird, braucht sie auch eine äußere Organisation. Diese lehnt sich an den sich aus dem spirituellen Weg ergebenden siebenfachen Stufenaufbau der Geistesschule an.

Das wahre Selbst der Schüler und Mitarbeiter der Geistesschule des Rosenkreuzes entfaltet sich in den Kräften des Geistes, gewinnt immer mehr Anteil an diesen Kräften und wendet sie für andere an. Freiheit, Einheit und Liebe heißen diese Kräfte. Alle Probleme der äußeren Organisation können nur in diesen Kräften gelöst werden. Die äußere Organisation ist ein Mittel zum Zweck, ein Rahmen, in dem die Schüler ihren Weg gehen und durch den sie die spirituellen Kräfte für andere in der materiellen Welt umsetzen können. Als Mittel zum Zweck ist die äußere Organisation prinzipiell vom großen Ziel der Geistesschule des Rosenkreuzes und all ihrer Schüler bestimmt: einem Leben in Freiheit, Einheit und Liebe.

Leitung in Freiheit

Jede Organisation hat Ziele und eine Struktur und braucht Menschen, die Ziele und Struktur lebendig erhalten.

Das Ziel der Geistesschule des Rosenkreuzes, wie jeder Geistesschule, hängt nicht von persönlicher Willkür ab. Ihre Gründer taten nichts anderes, als dieses Ziel aus ihrer lebendigen Erfahrung des Geistfeldes heraus zu artikulieren und die siebenfache Struktur der Geistesschule des Rosenkreuzes entsprechend den Gesetzmäßigkeiten des siebenfachen spirituellen Weges aufzubauen.

Einsetzung von Mitarbeitern

Bei der Einsetzung und Auswahl von Mitarbeitern durch die Leitung der Geistesschule geht es immer darum: Sind die leitenden Mitarbeiter, die andere Mitarbeiter auswählen, und sind alle Mitarbeiter bei der Ausübung ihrer Ämter so von den Kräften des Geistes, die Freiheit, Einheit und Liebe sind, durchdrungen, daß ihre Entscheidungen nicht von persönlichen Interessen bestimmt werden? Auf dem spirituellen Weg entwickelt sich die Freiheit des wahren Selbst. Es handelt nicht nach persönlichen Sympathien und Interessen, und läßt auch andere in ihrer Entscheidung frei.

Ein leitender Mitarbeiter, der andere Mitarbeiter einsetzt, wird sich in der Geistesschule des Rosenkreuzes seiner persönlichen Begrenztheiten bewußt und lernt, sie durch Objektivität und Sachlichkeit zu ersetzen. Ein leitender Mitarbeiter, der für andere Mitarbeiter verantwortlich ist, läßt ihnen die Freiheit, sich nach ihrem inneren Gesetz zu entfalten, ihre Arbeit in eigener Verantwortung zu tun und ebenfalls zu lernen, objektiv und sachlich aus den Kräften des Geistes zu handeln. Hier gilt sinngemäß das Wort aus dem Tao Te King: „Wenn Fürsten und Könige Tao – das Gesetz des Geistes – wahren könnten..., würde das Volk ohne Befehle von selbst ins Gleichgewicht kommen."[92]

Prinzipiell werden die Mitarbeiter nach ihrer Eignung für das jeweilige Amt von den Mitgliedern der spirituellen Leitung und ihren Mitarbeitern ausgesucht – also von oben und nicht von unten. Eignung heißt: Ist der Betreffende aufgrund seiner persönlichen Fähigkeiten in der Lage, das Amt auszuüben? Daß er treu zu seinem und dem Ziel der Geistesschule steht und immer besser lernt, seine persönlichen Interessen zurückzustellen und aus den Kräften des Geistes zu arbeiten, wird bei jedem Schüler und potentiellen Mitarbeiter vorausgesetzt.

Der Grund für die Auswahl von oben ist: Wer Schüler zur Arbeit auf irgendeiner Stufe der Geistesschule berufen soll, muß diese Stufe mit ihren Möglichkeiten und Problemen selbst kennen. Er muß den inneren Zustand, der auf dieser Stufe erlebt wird, selbst erlebt haben. Wer diesen Zustand nicht selbst erlebt hat – und das sind im Prinzip alle Schüler auf den vorhergehenden Stufen –, kann nicht beurteilen, welcher Schüler als Mitarbeiter auf dieser Stufe geeignet ist. Es muß also der Erfahrenere den weniger Erfahrenen auswählen.

Reinheit der Lehre?

Die wesentliche Aufgabe der Mitarbeiter einer Geistesschule ist, neben organisatorischen Entscheidungen, die Übermittlung der Universellen Lehre an Schüler und an Außenstehende. Das Ziel der Geistesschule des Rosenkreuzes und ihrer Schüler ist die Bewußtwerdung und Entfaltung des wahren Selbst im Menschen. Das kann nur im eigenen Erleben und eigener Einsicht des Schülers geschehen. Es geht nicht um die Vermittlung von Glaubenssätzen, Dogmen und moralischen Prinzipien. Es geht primär um das freie Fließen von seelischen und geistigen Kräften, um Belebung innerer Zustände, und zwar mittels Worten, Symbolen und Ritualen. Worte, Symbole und Rituale bringen in der Geistesschule des Rosenkreuzes die Kraftlinien aus der Welt des Geistes zum Ausdruck, die den Zustand des wahren Selbst charakterisieren.

Wenn die Gemeinschaft der Schüler aus dem christozentrischen Kraftfeld lebt, in Freiheit darauf reagiert und es innerlich und äußerlich umsetzt, entwickeln sich lebendige Bewußtwerdungsprozesse und Erfahrungen, die diesem Kraftfeld entsprechen. Jeder Mitarbeiter und Schüler ist selbst dafür verantwortlich, daß seine Verbindung mit dem Kraftfeld lebendig bleibt, wodurch er selbst innerlich und äußerlich lebendig bleibt.

Aus diesem Grund gibt es in der Geistesschule auch keine lehrplanmäßige Ausbildung der Mitarbeiter. Entscheidend ist ihr Zustand auf dem spirituellen Weg, und dieser Zustand läßt sich nicht lehren. Er hängt von den Möglichkeiten des Mitarbeiters ab, den spirituellen Weg zu gehen, und von der gemeinsamen Umsetzung der spirituellen Kräfte durch alle Schüler. Die Erfahrungen im Leben und im Kraftfeld der Schule von Stufe zu Stufe sind die „Ausbildung", die der Mitarbeiter durchläuft.

Auch was das Lebendigbleiben der Lehre betrifft, gilt der

Satz aus dem Tao Te King: „Wenn Fürsten und Könige Tao wahren könnten..., würde das Volk ohne Befehle von selbst ins Gleichgewicht kommen."

Freiheit des Schülers

Wenn – und in dem Maß, wie Liebe, Freiheit und Einheit, die Merkmale der geistigen Welt, in den leitenden Persönlichkeiten, Mitarbeitern und Schülern der Geistesschule des Rosenkreuzes Gestalt annehmen, kann es keine Überschreitung von Kompetenzen und keinen Mißbrauch der Freiheit geben. Die Geistesschule des Rosenkreuzes arbeitet aus dem christozentrischen Feld des Geistes heraus, in dem persönliche Interessen keinen Platz haben. Dadurch haben alle Schüler, Mitarbeiter und leitenden Persönlichkeiten die Möglichkeit und Verpflichtung, sich so zu verhalten, daß sich keine persönlichen Interessen in den Vordergrund schieben. Sie streben nach diesem Idealzustand. So ist in der Geistesschule des Rosenkreuzes prinzipiell eine Art der „Amtsführung" etabliert, die dem eigentlichen Wesen des Menschen entspricht. Es ist wie bei einem Orchester: Alle, vom Dirigenten angefangen, dienen der gemeinsamen Aufgabe, der Darbietung des Musikstücks. Jeder spielt seinen Part selbständig und frei und so, daß er das bestmögliche für das Ganze beiträgt.

Der Schüler bindet sich auch nicht persönlich an einen Meister und nimmt keine speziell auf ihn gemünzten Anweisungen oder Ratschläge für seinen spirituellen Weg entgegen. Der Meister jedes Schülers und Mitarbeiters, auch Meister der Gründer der Geistesschule, ist das christozentrische Kraftfeld, das in und außerhalb des Menschen wirkt.

Verschiedenheit in Einheit

Der innere Zustand eines Schülers bestimmt, welcher Wert und Rang ihm in der geistigen Welt zukommt. Wenn er verantwortlich im Feld der Geistesschule handelt, aus den Gesetzen und Kräften des Geistes heraus, ist sein wahres Selbst wirksam und dient allen anderen. Die Fähigkeiten seiner Persönlichkeit kommen ohne Ichbezogenheit anderen zugute. Ein solcher Schüler ist reine Dienstbarkeit, braucht sich nicht in den Vordergrund zu schieben und nach Anerkennung und Ehre zu streben.

Das wahre Selbst des einen Menschen unterscheidet sich von dem jedes anderen, was seine Aufgaben in der Gesamtentwicklung der Menschheit betrifft. Auch die persönlichen Fähigkeiten jedes Menschen unterscheiden sich von denen aller anderen. Doch sind alle Menschen ihrem wahren Selbst nach unverbrüchlich miteinander verbunden, da es die Struktur und Kräfte des einen Geistes widerspiegelt. Und wenn sie ihre persönlichen Fähigkeiten ohne Geltungsstreben den Impulsen des Geistes zur Verfügung stellen, werden auch die Unterschiede der Persönlichkeiten zur Einheit verbunden.

Jeder Schüler einer Geistesschule kann, bei aller persönlichen Verschiedenheit, die Einheit im Geist erleben, die ihn mit allen anderen Schülern verbindet. Alle anderen Schüler haben dasselbe Ziel wie er, in allen möchte sich das wahre Selbst entfalten, und jeder geht, mit seinen speziellen persönlichen Schwierigkeiten und Voraussetzungen, den spirituellen Weg. Wenn ein Schüler aufgrund der Aufgaben auf dem spirituellen Weg, mit denen er innerlich gerade beschäftigt ist, eine bestimmte Stufe im Aufbau des Lectorium Rosicrucianum einnimmt, so ist das kein persönliches Verdienst. Es ist nur Ausdruck der Tatsache, daß er eine bestimmte Phase der Seelenarbeit durchläuft. Die Arbeit in jeder Phase kommt allen anderen Schülern zugute und hat allein den Sinn, das wahre Selbst zu befreien. Das wahre Selbst ist, wie es ist, und braucht sich nicht größer oder kleiner zu machen.

So kann eine Geistesschule, aus den Gesetzen und Kräften des Geistfeldes entstanden und aus ihnen arbeitend, zu einer Gemeinschaft werden, die wirkliche Einheit zeigt – ein Muster für die Gemeinschaft, zu der alle Menschen und die ganze Menschheit ihrer Bestimmung nach einst zusammenwachsen werden. Paulus vergleicht eine solche Gemeinschaft mit dem

Leib des Christus.[93] In Christus, dem Geist, sind alle Mitarbeiter und Schüler dem wahren Selbst nach eins. Doch haben sie, ihren persönlichen Fähigkeiten nach, unterschiedliche Aufgaben in dieser Gemeinschaft, wie unterschiedliche Zellen und Organe in einem Organismus. Keine Zelle, kein Organ wird seiner eigenen Wege gehen und sich mehr dünken als andere, sonst wird die Harmonie des Ganzen gestört. Nur wenn alle aus dem Gesetz des Organismus heraus, der der Christus ist, wirken und ichlos ihre Funktion verrichten, entfaltet sich dieses Gesetz.

Besitz in Liebe

Materieller Besitz

Was äußeren, materiellen Besitz betrifft, so verfügt die Geistesschule des Rosenkreuzes in jedem Arbeitsfeld über Konferenzgebäude mit -grundstück. In den Zentren der großen Städte sind teils Räume angemietet, teils stehen den Schülern eigene Gebäude oder Räume zur Verfügung. Sie werden unterhalten durch Beiträge der Mitglieder und Schüler (in ihrer Höhe entsprechen diese den bei kulturellen Vereinigungen üblichen Mitgliedsbeiträgen) und freiwillige Spenden. Auf die gleiche Weise werden die Aktivitäten in der Öffentlichkeit, z. B. Anmietung von Vortragssälen und Informationsvermittlung, finanziert. Einführungskurse für Interessenten und interne Kurse für Schüler sind unentgeltlich. Feste Stellen mit Bezügen aus Mitteln der Schule haben nur die Leiter der Konferenzorte und dort arbeitendes Personal, je nach Größe der Gebäude zwischen zwei und zehn Personen. Alle anderen Mitarbeiter versehen ihre Aufgaben ehrenamtlich. Die Beiträge und Spenden sind so bemessen, daß eventuellen baulichen Erweiterungen, dem Unterhalt der bestehenden Gebäude und den laufenden Kosten gerade Rechnung getragen wird. Insofern gibt es kein Vermögen, das langfristige Renditen abwerfen würde.

Die Geistesschule des Rosenkreuzes entspricht in ihrer

Rechtsform den Gegebenheiten der Länder, in denen sie existiert. In Deutschland ist sie zum Beispiel ein eingetragener Verein, als gemeinnützig zur Förderung der Religion anerkannt.

Neben ihr besteht in Holland als selbständiges Unternehmen der Verlag „Rozekruis Pers" mit Sitz in Haarlem, der die Literatur der Geistesschule, verwandte Literatur und die Monatszeitschrift „Pentagramm" für verschiedene Länder und in verschiedenen Sprachen verlegt. Er arbeitet auf der Basis einer ausgeglichenen Bilanz.

Außer diesem Verlag gibt es keine Betriebe, auf die die Geistesschule des Rosenkreuzes direkten oder indirekten Einfluß hätte. Zuschüsse aus Kreisen der Wirtschaft oder der Verbände, vom Staat oder von kulturellen Stiftungen erhält die Geistesschule des Rosenkreuzes nicht.

Das wahre Selbst zu entfalten, ist das Motiv, weshalb ein Schüler sich in der Geistesschule des Rosenkreuzes befindet und weshalb diese selbst in der Welt arbeitet. Materieller Reichtum und Besitz sind gute Möglichkeiten, die Wirksamkeit des Geistes in der Welt zu unterstützen, vorausgesetzt, diese Unterstützung geschieht frei von persönlichen Interessen und in klarer Erkenntnis dessen, was in einer gegebenen Situation erforderlich ist. Ein Mensch kann Reichtum und Besitz zur eigenen Größe und Macht einsetzen oder sich ängstlich daran festklammern. Er kann sie aber auch frei von Bindungen daran und in eigener Verantwortung so nutzen, daß sie der Menschheitsentwicklung dienen.

Ein solches interesseloses, unpersönliches Nutzen und Fließen materieller Kräfte ist wahre Liebe, die allen Menschen ohne Dazwischentreten persönlicher Sympathien und Antipathien zugutekommt. Der Schüler lernt, seinen privaten Besitz in diesem Licht zu sehen, ebenso wie die Mitarbeiter der Geistesschule des Rosenkreuzes mit den Mitteln der Gemeinschaft verantwortlich und ohne private Interessen für andere arbeiten.

Immaterieller Besitz

Das gilt erst recht von den immateriellen Mitteln der Gemeinschaft, ihren Schätzen an Symbolen, Kenntnissen und Erfahrungen. Auch in dieser Hinsicht strebt die Geistesschule des Rosenkreuzes eine Gemeinschaft an, die verwirklicht, was einmal in der ganzen Menschheit verwirklicht werden wird: den gemeinsamen Empfang von Kräften des Geistes und, in bewußter Erkenntnis der Aufgaben, für die diese Kräfte da sind, ein Strömenlassen der Kräfte.

Die Berichte in den Evangelien über die Speisungen durch Jesus und seine Schüler sind gute Beschreibungen dieser Vorgänge.[94] Die geistigen Kräfte Erkenntnis und Liebe, symbolisiert durch Brote und Fische, die Jesus und seine Schüler austeilen, fließen unerschöpflich, wenn sie stets in Verbindung mit dem Geistfeld und ohne Eigeninteresse ausgeteilt werden, ja sie vermehren sich noch durch die Reaktionen der Empfänger. In diesen entstehen ja, wenn sie durch Erkenntnis und Liebe berührt werden, ebenfalls Erkenntnis und Liebe.

Spontaneität und Verfestigung

Die der Struktur und Entfaltung der geistigen Welt zugrundeliegenden Gesetze sind unveränderlich und statisch. Aber die Kräfte der geistigen Welt sind Leben und Dynamik. Eine Gemeinschaft wie die Geistesschule des Rosenkreuzes, die aus den Gesetzen und Kräften des Geistes lebt, wird daher von Leben und Bewegung erfüllt sein.

Das Leben und die Bewegung des sich entfaltenden Geistes sind im wahren Selbst jedes Schülers und in der Gemeinschaft insgesamt wirksam. Das bedeutet, daß prinzipiell die Freiheit des wahren Selbst, die aus der Übereinstimmung mit dem Gesetz des Geistes erwächst, immer zunimmt, daß die Schüler auf der Basis des wahren Selbst immer mehr zur Einheit zusammenwachsen und die in ihnen freiwerdenden Kräfte der Liebe immer reicher strömen.

Eine gewisse Festigkeit und Dauer müssen die Strukturen und Arbeitsmethoden der Geistesschule aber besitzen, sonst wäre jede Arbeit unmöglich. Doch diese festen Strukturen erfüllen ihren Zweck nur, wenn sie Gefäße und Ausdruck für die Kräfte und Gesetze des Geistfeldes sind, die sich im Rahmen einer zeiträumlichen Organisation und der Körperlichkeit des Menschen entfalten müssen, wenn die Brücke zwischen Geist und Materie erbaut werden soll.

Je lebendiger das Kraftfeld des Geistes in Schülern und Mitarbeitern wirkt, je mehr die äußere Organisation zum Strombett für die Kräfte des Geistes wird, desto weniger kann sie ein Eigenleben gewinnen. Es ist ein Aspekt des spirituellen Weges, daß der Schüler und die Leitung der Schule die Gefahr der Verfestigung von Strukturen im einzelnen und in der Gemeinschaft erkennen und darauf achten, innerlich stets lebendig zu bleiben.

Lehre

Wenn sich das wahre Selbst der Schüler in Einheit, Freiheit und Liebe entfaltet und die Schülergemeinschaft aus den Kräften des Geistes lebt, wird die Dynamik der lebendigen Erfahrungen der Schüler mit der Welt des Geistes und ihrer Auseinandersetzung mit den Hindernissen auf dem spirituellen Weg zunehmen. Das wird sich in Ansprachen, Veranstaltungen und der aktuellen Literatur der Geistesschule des Rosenkreuzes niederschlagen. Die Universelle Lehre wird immer kraftvoller und deutlicher dargestellt werden.

Wenn in jedem Schüler und der Geistesschule als ganzer die Sehnsucht lebt, daß das wahre Selbst immer mehr im Geist aufgehe, und daher die Hindernisse auf dem Weg immer besser ins Auge gefaßt werden, bleibt die Lehre lebendig und gewinnt an Kraft. Die Kräfte des Geistes selbst brechen dann alle Verfestigungstendenzen auf und erfüllen das gesprochene und geschriebene Wort der Mitarbeiter und Schüler mit Leben.

Individuum und spirituelle Gemeinschaft

Eine Gemeinschaft wie die Geistesschule des Rosenkreuzes, die aus dem Feld des Geistes entstanden ist und in die Einheit dieses Geistes zurückführt, ist wie die Vorwegnahme einer Gemeinschaft aller Menschen im Geist. Der Schüler einer Geistesschule sucht zu verwirklichen, was in jedem Menschen angelegt ist – die Einheit mit allen anderen Menschen im Geist. Er wird daher die Gemeinschaft aller Schüler bejahen, weil er begreift, daß in ihr prinzipiell diese Einheit auf der Basis des Geistes verwirklicht ist, möge aktuell so mancher vielleicht oft noch weit entfernt davon sein.

In der Regel ist der einzelne nicht imstande, aus eigener Kraft sein spirituelles Ziel zu erkennen und zu definieren, geschweige denn den Weg dorthin zu finden und zu gehen. Aber, so schreibt Jan van Rijckenborgh, „natürlich gibt es, vom Standpunkt des isolierten Menschen aus gesehen, am Anfang viele Einwände gegen diesen Weg. Denn bevor alle das Ziel vollkommen verstehen und sich mit froher Einsicht in die neue Gruppeneinheit fügen, wird, nach der Art und Weise dieser Welt, untereinander so viel geschlagen und getreten, so viel gehöhnt und gespottet und so gnadenlos kritisiert, daß sehr viel Leid und sehr viel Schmerz daraus enstehen. Sehen Sie es aber doch ein, daß wir uns desto schneller durch das Meer von Tränen hindurchgekämpft haben werden, je mehr bereit sind, sich um des großen Zieles willen schlagen, verhöhnen und kritisieren zu lassen, um dann, mit den anderen, das Glück eines neuen Tages kosten zu können.... Ein magnetischer Körper, vollkommen organisiert, vollkommen zubereitet und mit allem ausgerüstet, muß da sein, um die Heimreise antreten und vollbringen zu können."[95] In einem solchen „magnetischen Körper" findet der Schüler die günstigsten Bedingungen für seinen Weg:

Erstens: Gemeinschaft im Geist

Eine Gruppe Gleichgesinnter und Gleichstrebender ist dem

Schüler Ansporn und Ermutigung. Nur mit solchen Gleichgesinnten wird es ihm möglich sein, die künftige Gemeinschaft im Geist anzustreben. Nur in einer spirituellen Gemeinschaft, wie sie z. B. die Geistesschule des Rosenkreuzes darstellt, kann er hoffen, Einheit, Freiheit und Liebe im Geist zu verwirklichen.

Zweitens: Verstärkter Kräfteaustausch

Desweiteren hat der Schüler in einer spirituellen Gemeinschaft eine Möglichkeit, die er als einzelner nicht in dem Maß hätte: Seine innere Entwicklung und neuen Kräfte direkt anderen, dafür Empfänglichen zur Verfügung zu stellen – sei es anderen Schülern, sei es anderen Wahrheitssuchern im Rahmen der öffentlichen Tätigkeit der Gemeinschaft. Umgekehrt strömen ihm die Kräfte und Erfahrungen aller anderen Schüler zu, mit denen er verbunden ist. Und das bedeutet viel in einer Welt, in der der einzelne unablässig ablenkenden Einflüssen ausgesetzt ist, die er oft nicht einmal als solche durchschaut.

Drittens: Wachstum der Verantwortung

Die sich durch den gegenseitigen Erfahrungsaustausch entwickelnde Gruppendynamik bedeutet, daß der Schüler nicht nur für sich selbst, sondern auch für die Entwicklung der ganzen Gruppe – in den Grenzen des ihm Möglichen – verantwortlich ist. Wie könnte es auch anders sein, und wie könnte er es anders wollen, da Kennzeichen des spirituellen Weges die allmähliche Überwindung der Vereinzelung, die sich aus dem Selbstbehauptungstrieb ergibt, ist, wodurch ein bewußtes und verantwortliches Verschenken aller neuen Kräfte an andere möglich wird.

Die Individualität des Schülers löst sich durch die Mitgliedschaft in einer aus dem Geist lebenden und auf den Geist zulebenden Gemeinschaft nicht auf. Im Gegenteil: Das wahre Selbst des Schülers, seine eigentliche Identität, kommt durch die Berührung mit dem wahren Selbst aller anderen Schüler erst deutlich zum Vorschein. Der Schüler opfert seine Ichbezogenheit nicht fremden Interessen und Mächten, sondern seinem wahren Selbst, durch das all seine persönlichen Fähigkeiten auf neue Weise wirksam werden. Er wird somit kein uniformes Mitglied der Gemeinschaft, sondern immer mehr zu einem selbständigen, verantwortlichen Helfer der Gemeinschaft, der, ohne sich selbst zu behaupten, frei die Kräfte des Geistes empfängt und strömen läßt. Nur so ist spirituelle Entwicklung möglich, nicht durch Beharren in der Vereinzelung.

Viertens: Selbsterkenntnis

In einer Gemeinschaft hat der Schüler eher denn als Einzelner die Chance, seine behindernden Eigenschaften zu erkennen und zu überwinden. Denn er sieht sie teils an seinen Reaktionen auf andere Schüler, teils an den Reaktionen der anderen auf ihn. Da aber in einer Geistesschule alle, anders als im gewöhnlichen Leben, nicht mit Vergeltung, sondern mit Verständnis zu reagieren versuchen, wird es dem einzelnen Schüler in dieser Atmosphäre des Verständnisses eher möglich sein, seine eigenen Schwächen zu verstehen und auf lange Sicht zu überwinden.

Sollte ein Wahrheitssucher aus Furcht vor den Verfestigungstendenzen in einer Gruppe auf die günstigen Bedingungen, die gerade eine Gruppe für den spirituellen Weg bietet, verzichten? Wäre es nicht umgekehrt sinnvoll, von diesen günstigen Möglichkeiten Gebrauch zu machen, dabei aber die Gefahren klar ins Auge zu fassen und zu bestehen? Und wer ist als einzelner vor Verfestigungstendenzen im eigenen Wesen sicher? Ein Schüler der Geistesschule des Rosenkreuzes kann sich auf dem spirituellen Weg in den Kräften des Geistes, die ihm von allen Seiten zufließen, der Verfestigungstendenzen im eigenen Wesen besonders gut bewußt werden und sie auflösen.

Verhältnis der Geschlechter

In der Persönlichkeit des gegenwärtigen Menschen sind Geist und geistbestimmte Seele latent. Das Ziel des spirituellen Weges ist, zunächst die latente Geistseele wieder zu Bewußtsein und Wirksamkeit zu erwecken, damit sie den Geist bewußt empfangen und seine Kräfte umsetzen kann. Aus dem Zusammenspiel von bewußt und wirksam gewordener Seele und Geist entsteht die neue, transfigurierte Persönlichkeit. Ein solcher Mensch ruht in der geistigen Welt und ist autark.

Doch gibt es zwei Ausprägungen auch dieses autarken Menschen: eine, bei der der Geist „innen" und die Seele „außen", und eine, bei der es umgekehrt ist (siehe S. 102 ff.). Beide Ausprägungen arbeiten zusammen, um ihre jeweiligen Möglichkeiten zu verstärken. Eine solche Zusammenarbeit nahm in der Geistesschule des Rosenkreuzes durch Jan van Rijckenborgh und Catharose de Petri Gestalt an.

Auf dem spirituellen Weg kommt es darauf an, daß der Schüler die in ihm angelegte Geist-Seelen-Einheit aus der Latenz erweckt. Er wird auch schon auf dem Weg zu praktizieren versuchen, was Ziel dieses Weges ist: die Zusammenarbeit zwischen Mann und Frau als den zwei Ausprägungen des autark gewordenen Geistseelenmenschen. Diese Bemühungen sind ein entscheidender Faktor in der Entwicklung einer Schülergruppe. Deshalb müssen Frauen und Männer, die unterschiedliche Ausprägungen des Geistseelenmenschen repräsentieren, in einer Geistesschule zusammenarbeiten.

Gleichberechtigte Zusammenarbeit

Aus der grundsätzlichen Autarkie des Geistseelenmenschen ergibt sich, daß absolute Gleichberechtigung zwischen den beiden Ausprägungen herrscht. Denn beide Ausprägungen besitzen sowohl Geist als auch Geistseele, nur eben mit unterschiedlicher Polung und Funktion. Insofern haben Frau und Mann in einer Geistesschule zwar im allgemeinen verschiedene Funktionen, sind aber gleichberechtigt und arbeiten auf dieser Basis zusammen. Das spiegelt sich z. B. darin wider, daß Tempeldienste in der Regel von einem Mann und einer Frau gemeinsam gehalten werden, wobei der Mann mehr den philosophischen, den Verstand ansprechenden Aspekt, die Frau mehr den rituellen und symbolischen, das Herz ansprechenden Aspekt vertritt.

Eine wirklich gelebte Gleichberechtigung zwischen Frau und Mann kann es aber erst geben, wenn ihre Ichbezogenheit allmählich verschwindet und neue Seelen und Persönlichkeiten entstehen, die in Verbindung mit dem Geist wirklich wieder autark sind. Auch in dieser Hinsicht ist eine Gemeinschaft wie die Geistesschule des Rosenkreuzes die Vorwegnahme einer Menschheitsgemeinschaft, wie sie den Anlagen und der Bestimmung des Menschen entspricht.

Foyer Catharose de Petri zu Caux: Tempel und Unterkunftsgebäude der Geistesschule im Schweizer Arbeitsfeld

Die Geistesschule des Goldenen Rosenkreuzes in der Gesellschaft

Erklärung der Bruderschaft des Rosenkreuzes

Die religiöse Gemeinschaft des Lectorium Rosicrucianum beabsichtigt die Wiederherstellung und Wiederbelebung des ursprünglichen dreifachen Tempels Gottes, der in der Urvergangenheit der Menschheit bestand, sich der gesamten Menschheit offenbarte und sich in ihren Dienst stellte.

Dieser dreifache Tempel brachte der Menschheit die königliche und priesterliche ursprüngliche Religion, die ursprüngliche Wissenschaft und die ursprüngliche Kunst des Bauens.

Im Lauf der Geschichte – das letzte Mal vor ungefähr siebenhundert Jahren – wurde immer wieder versucht, dieses dreifache verbindende Glied zwischen der Natur des Todes und der ursprünglichen Gottesnatur zu schmieden, zu beleben und instand zu halten. Jedoch immer wieder wurden diese Aktivitäten zur endgültigen Wiederherstellung der Menschheit von verschiedenen Widersachern verhindert, gestört und viele Male in Blut erstickt.

Am Ende eines Offenbarungstages zeigt sich jedoch stets eine deutliche Wende in diesem fortwährenden Ringen zwischen Licht und Finsternis durch die definitive Gründung und unerschütterliche Wiederherstellung des universellen Tempels, der sich mit Kraft offenbart und als unüberwindlich erweisen wird.

Das Lectorium Rosicrucianum ist der Beginn dieses Festes der Überwindung.

Es bringt den Menschen erstens eine Gemeinschaft suchender Seelen, die sich über die ursprüngliche, Universelle Lehre orientieren. Diese Gemeinschaft wird unaufhörlich beschirmt und umgeben von einem mächtigen, alles durchdringenden Strahlungsfeld, damit allen, die zu dieser Gemeinschaft gehören, das Licht, das Leben und die Zukunft des befreienden Pfades deutlich vor Augen stehen.

Hinter dieser Gemeinschaft des Vorhofs stehts zweitens die Mysterienschule des Lectorium Rosicrucianum, in die alle aufgenommen werden, die sich entschlossen haben, den Pfad zur Befreiung von der Gebundenheit an das Rad der Geburt und des Todes wirklich zu gehen. Das gleiche Strahlungsfeld oder der lebende Körper steht jedem Schüler, der es mit dem Pfad ernst meint, vollkommen zu Seite, so daß kein einziger wirklich Festentschlossener zu scheitern braucht.

Hinter der Mysterienschule steht drittens die Gemeinschaft der inneren Grade, die Universelle Kette aller vorangegangenen gnostischen Bruderschaften, die alle Pilger zum befreienden Leben aufnimmt und in den Landen der Unsterblichkeit und der Auferstehung willkommen heißt.

Das Lectorium Rosicrucianum will mit dieser Erklärung seine Berufung deutlich formulieren, und alle, die es angeht und die Lebenserfüllung suchen, zu dem Entschluß wecken, sich an das Lectorium Rosicrucianum zu wenden.

Catharose de Petri und Jan van Rijckenborgh
Haarlem, den 21. Dezember 1960

Die Entwicklung der letzten Jahrzehnte

Nach 1945 begann sich die Geistesschule des Rosenkreuzes von Holland aus auch im Ausland auszubreiten. In Europa bildeten sich in den 50er Jahren zunächst Zweige in Deutschland, der Schweiz, Schweden und Frankreich, später in Spanien, England und Italien.

1958 wurde für das Internationale Jugendwerk auf Noverosa der „Noverosa-Tempel" errichtet. Ebenfalls 1958 wurde in Calw das „Christian-Rosenkreuz-Heim" eingeweiht, 1965 in Bad Münder das „Jan-van-Rijckenborgh-Heim", 1978 in Caux das „Foyer Catharose de Petri", 1989 auf Schloß Neustein bei Steinfeld an der Drau ein österreichischer Konferenzort, und seit 1998 ist in Birnbach bei Altenkirchen ein dritter deutscher Konferenzort im Bau, der im Jahr 2000 fertiggestellt sein wird.

Seit der Öffnung des Eisernen Vorhangs arbeitet die Schule offiziell auch in den ehemaligen Ostblockländern. Sie hat außerdem in Afrika, Nord- und Südamerika und Australien Fuß gefaßt, also weltweit überall dort, wo es westliche Bildung und Zivilisation gibt. Denn dieser westlichen Bildung und Zivilisation ist der rosenkreuzerische Impuls, obwohl grundsätzlich den für die Entwicklung der ganzen Menschheit geltenden spirituellen Gesetzen verpflichtet, besonders angepaßt.

Inmitten der vielfältigen Arbeit mit neuen Schülern und neuen Nationalitäten entstanden, meist aus Ansprachen, neue Bücher der beiden Gründer, die diese Arbeit belebten und der Entwicklung der Schule neue Impulse gaben. 1953 kam „Der kommende Neue Mensch" von Jan van Rijckenborgh heraus, eine Darstellung der Eigenschaften des transfigurierten Menschen und des Weges der Transfiguration, 1955 die „Gnosis in aktueller Offenbarung" von Jan van Rijckenborgh und Catharose de Petri, eine Beschreibung der Gesetzmäßigkeiten beim Aufbau und bei der inneren Entwicklung einer Geistesschule. 1961-1966 erschienen die vier Bände der „Ägyptischen Urgnosis" von Jan van Rijckenborgh, eine Interpretation der Hermes Trismegistos zugeschriebenen 18 Schriften, in denen in den er-

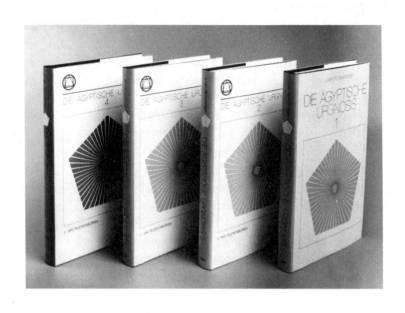

Vier Bände der „Ägyptischen Urgnosis", eine Interpretation der dem Hermes Trismegistos zugeschriebenen gnostischen Schriften, von Jan van Rijckenborgh

sten nachchristlichen Jahrhunderten uralte Mysterientraditionen Ägyptens, zum Teil gekleidet in neoplatonisches, gnostisches Denken, niedergelegt sind. Posthum wurden zwei weitere Bücher von Jan van Rijckenborgh veröffentlicht: 1987 die „Chinesische Gnosis", ein Werk über die ersten 40 Verse des Tao Te King von Lao tse, und 1991 die Interpretation des gnostischen „Evangeliums der Pistis Sophia".

Am 17. Juli 1968 starb Jan van Rijckenborgh nach längerer Krankheit. Er hinterließ ein in Zusammenarbeit mit Catharose de Petri geschaffenes umfangreiches, zukunftsweisendes literarisches Werk, das, aufbauend auf den Arbeiten Blavatskys, Steiners und Heindels, den spirituellen Weg des Christentums für den modernen, wissenschaftlich geprägten Menschen entwickelt, bis in Einzelheiten ausarbeitet und erklärt, wobei es spirituelle und Mysterientraditionen aller Epochen der Menschheitsgeschichte mit einbezieht. Er hinterließ eine weltweit wirkende Organisation, äußeres, materielles Gewand für einen inneren Organismus, einen „lebenden Körper", dessen Struktur und Funktion er zusammen mit Catharose de Petri und seinen Mitarbeitern, direkt aus den immer fließenden Quellen der universellen Bruderschaft schöpfend, entworfen und in Gestalt von Lehren und Ritualen belebt hatte. Es ist der lebende Körper mit sieben, den sieben Stufen des spirituellen Weges entsprechenden Graden, in dem dafür aufgeschlossene Menschen diesen Weg gehen können. Und Jan van Rijckenborgh hinterließ eine Gemeinschaft zahlreicher Mitarbeiter und Schüler, die mit Ernst und Eifer selbst den spirituellen Weg gingen, durch ihre hingebungsvolle Arbeit anderen ermöglichten, ihn ebenfalls zu gehen, und so das Werk in alle Welt ausbreiteten.

Doch unmittelbar nach dem Tod van Rijckenborghs erlebte diese Gemeinschaft eine schwere Erschütterung. Mehr als ein Jahr zuvor hatte van Rijckenborgh seinen Sohn Henk Leene zum Nachfolger bestimmt. Kurz vor seinem Tod allerdings hatte er sieben Personen, seine engsten Mitarbeiter, als Internationale Spirituelle Leitung eingesetzt. Einer von diesen sieben war Henk Leene. Dieser war nach dem Ableben Jan van Rijckenborghs offenbar noch ganz von früheren Äußerungen seines Vaters erfüllt und wollte die Geistesschule gemäß eigenen Ideen weiterführen. Er gewann indessen bei Frau de Petri und bei den anderen sechs Mitgliedern der Spirituellen Leitung nicht den Rückhalt, den er gebraucht hätte, verließ mit einer Anzahl von Schülern die Geistesschule des Rosenkreuzes und gründete eine neue Organisation: „Sivas".

Zusammen mit den übrigen engen Mitarbeitern van Rijckenborghs führte nun Catharose de Petri das Werk fort. Sie vervollständigte die Rituale, klärte manches noch undeutlich Gebliebene und erläuterte immer wieder und lebte vor, wie durch innere Klarheit, Wachheit und Harmonie, die aus der Verbindung mit der geistigen Welt entstehen, alle individuellen Konflikte und Zweifel und alle in einer Gemeinschaft möglichen Konflikte überwunden werden können. Ihre Erfahrungen in dieser Hinsicht, die auch in Korrespondenzen mit Schülern zum Ausdruck kamen, legte sie in mehreren Büchern nieder. Im Lauf der Zeit konzentrierte sie sich mehr und mehr auf die spirituelle Arbeit, während sie die organisatorischen Aufgaben ihren Mitarbeitern überließ. Ihrer unermüdlichen Tätigkeit bis ins hohe Alter hinein ist die endgültige innere Strukturierung der Geistesschule des Rosenkreuzes zu verdanken. Vor ihrem Tod im Jahre 1990 regelte sie ihre Nachfolge und die Leitung der Schule dahingehend, daß 13 Mitarbeiter, im allgemeinen Leiter der großen Arbeitsfelder, die Geschicke der Schule lenken sollten.

Die Geistesschule des Rosenkreuzes in ihrer Umwelt

Die Mitglieder einer Geistesschule und Geistesschulen als Gesamtheit versuchen aus einer Dimension zu leben, die sich von den auf Erfolg, Reichtum und Macht ausgerichteten Kräften des Diesseits und Jenseits fundamental unterscheidet. Da ist es begreiflich, daß sich Probleme für das Verhältnis einer solchen Einrichtung und ihrer Mitglieder zur Gesellschaft und deren Institutionen und Strömungen ergeben können. Einerseits werden sich die Mitglieder einer solchen Schule und die Schule als Gesamtheit vor allem auf ihren Weg konzentrieren, woraus sich ganz von selbst eine Distanz zur Gesellschaft, soweit sie von ichbezogenen Zielen bestimmt ist, ergibt.

Andererseits wird diese Schule das gesellschaftliche Umfeld, in dem sie und ihre Mitglieder leben, als den unbedingt notwendigen Rahmen für ihre eigene Existenz und Arbeit anerkennen und sich so verhalten, daß dieses Umfeld in möglichst gutem Zustand verbleibt und möglichst wenig Reibungspunkte zwischen ihm und der Geistesschule entstehen. Ja es werden von ihr, ohne daß sie es geradezu anstrebt, auch positive Einflüsse auf die Gesellschaft ausgehen. Denn Streben nach Erfolg, Reichtum und Macht wird immer Konflikte und Chaos hervorrufen, während Freiheit von diesem Streben Sachlichkeit, Ruhe, Überblick und neue Sichtweisen auch bei der Gestaltung der diesseitigen Belange ermöglicht.

Allein schon der erste Schritt auf dem spirituellen Weg: Einsicht und Neutralität, kann gewaltige Auswirkungen in dieser Hinsicht haben. Denn der Schüler im Zustand der Neutralität fügt den unzähligen Konflikten, die in der Welt durch gegensätzliche Menschen und Interessen unaufhörlich entstehen, keinen neuen Brennstoff hinzu. Die Unruhe wird nicht durch fieberhafte Aktivität und Gegenaktivität weiter geschürt. Er läßt sich aber auch nicht träge von den Verhältnissen mitschleifen. Denn er besitzt die Distanz der wachen Ruhe und ist in der geistigen Dimension des Seins verwurzelt. Dadurch wird überhaupt erst eine klare Erkenntnis dessen, was sich in der Welt abspielt, möglich.

Politische Neutralität der Geistesschule des Rosenkreuzes

Prinzipiell mischt sich die Geistesschule des Rosenkreuzes nir-

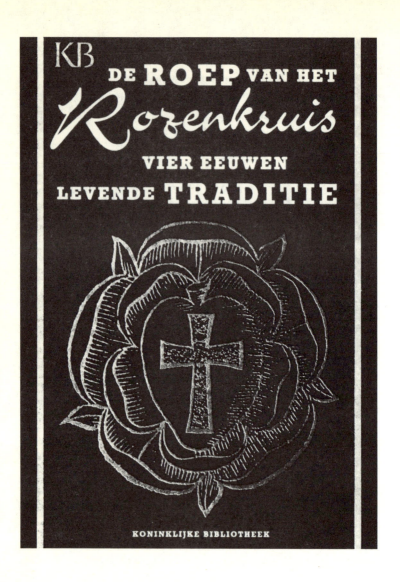

„Der Ruf des Rosenkreuzes – vier Jahrhunderte lebendige Tradition". Titelblatt des Katalogs zu einer Ausstellung von auf das Rosenkreuz bezogenen Büchern, die 1998/99 gemeinsam von der Königlichen Bibliothek Den Haag und der Bibliotheca Philosophica Hermetica (Amsterdam) in Amsterdam veranstaltet wurde.

gends in die politischen, gesellschaftlichen und wirtschaftlichen Entscheidungsprozesse ein. Sie unterhält keine Verbindung zu politischen, gesellschaftlichen und wirtschaftlichen Institutionen und baut auch selbst keine solchen auf. Dadurch bleibt sie selbst unabhängig und gerät nicht in Versuchung, sich ins Kampfgetümmel der relativen Interessen und Auffassungen zu stürzen. „Das Rosenkreuz aber mahnt seine Schüler: ‚Ergreift in diesem gewaltigen Strudel dialektischer Aktivität keine Partei.'... Man verstehe aber gut, daß es nicht darum geht, sich dem dialektischen Leben zu entziehen, sondern daß der Standpunkt des Rosenkreuzes in diesen Dingen eine Konsequenz des Pfades ist, den es verkündigt...des Pfades, der hinführt zu einem Sein in der Welt, ohne von der Welt zu sein. Der Schüler muß in erster Linie dafür sorgen, daß er nicht mehr von der Welt ist. Dann wird er in der Welt auftreten können nach den Forderungen der Hierarchie. Dann ist er ein Meister, ein Besitzer des Steines."[96]

Die Geistesschule des Rosenkreuzes beobachtet das Geschehen in der Welt nicht unbeteiligt. Sie sieht das unermeßliche Leid, das aus Interessengegensätzen und Konflikten entsteht. Und sie versucht mit ihren Schülern eine Gemeinschaft zu verwirklichen, in der Macht-, Geltungs- und Besitztrieb aufgelöst werden, so daß eine Gemeinschaft freier und selbständiger Menschen entsteht, die aus dem Einheit stiftenden Geist lebt. Damit glaubt sie, zum Leben einer Menschheit der Zukunft beizutragen, in der die spirituelle Bestimmung des Menschen das erste Ziel ist. „Der Besitzer des Steins...ist nicht konservativ und ebensowenig reaktionär, er schielt weder nach rechts noch nach links. Mit seinen Geistesgaben...und mit seiner Seele...stellt er sich ausschließlich in den Dienst der Regierung Gottes, d.h. er dient als ein Wissender dem Werk der Christus-Hierarchie in der Dialektik."[97]

Die Geistesschule versteht sehr gut, weshalb Menschen um bessere Lebensbedingungen kämpfen und weshalb sie hoffen, durch dogmatisch-religiöse und ideologische Institutionen oder durch den Einsatz aller Kräfte für Einfluß und Wohlstand doch endlich ihr Glück machen zu können. Sie begreift sehr gut, weshalb Menschen gewaltsamen Widerstand gegen menschenunwürdige Entwicklungen leisten. Sie weiß aber auch, daß solche Verhaltensweisen an den Ursachen der Probleme nichts ändern. Die Ursachen sind, daß der Mensch seiner Bestimmung nicht nachlebt oder sie schon gar nicht erkennt. Alle politischen, gesellschaftlichen und wirtschaftlichen Strukturen müssen unzulänglich, ja oft menschenunwürdig bleiben, solange der Mensch diese eigentlichen Ursachen nicht beseitigt. Gewaltsame politische Aktionen aber würden die Verstrickung nur noch größer machen. Deshalb konzentriert sich die Geistesschule des Rosenkreuzes darauf, in ihrer Gemeinschaft eine neue geistige Grundlage wachsen zu lassen, durch die die Ursachen der Konflikte allmählich an der Wurzel aufgelöst werden.

Das Auftreten einer Geistesschule verstärkt die Gesetze und Kräfte des Geistfeldes, das auf die Menschheit einwirkt. Sie versucht, positiv auf dieses Geistfeld zu reagieren und dadurch Entwicklungen in Richtung auf die Bestimmung der Menschheit zu unterstützen. Wenn sie mit ihren Schülern auf der Grundlage einer bewußten Einheit im Geist eine macht- und interessenfreie Gemeinschaft aufbaut, trägt sie zur Bildung einer größeren Gemeinschaft auf nationaler oder internationaler Ebene bei, die solchen Prinzipien entspricht.

Wenn sich also der Schüler der Geistesschule des Rosenkreuzes vor allem auf seinen spirituellen Weg konzentriert, so ist das keine Weltflucht. Er zieht sich aus der Welt zurück, so weit sie sich selbst absolut setzt und materielle und ideologische Interessen verfolgt. Er versucht, durch das Gehen des spirituellen Weges eine neue innere Basis zu gewinnen. Von ihr aus wirkt er im Rahmen des Möglichen, nicht mit Gewalt, sondern durch seine eigene Bewußtseins- und Wesensveränderung, am allmählichen Aufbau neuer Gesellschafts- und staatlicher Ordnungen oder an Veränderungen innerhalb einer bestehenden Ordnung mit, die dem spirituellen Leben besser entsprechen.

Er verhält sich wie der Mann aus einem berühmten Gleichnis des Buddha. Der Mann verläßt ein brennendes Haus und kann jetzt, von einer sicheren Warte aus, Wasser holen und den Brand löschen. Bliebe er dagegen im Haus und versuchte mit dem wenigen darin verfügbaren Wasser und ohne den notwendigen Abstand, das Haus zu retten, würde er scheitern und mit allen anderen Bewohnern samt dem Haus umkommen.

In diesem Sinne sprachen die klassischen Rosenkreuzer von einer allgemeinen „Weltreformation": beginnend mit den Wissenschaften über Kunst und Religion bis hin zur Neuordnung der politischen, wirtschaftlichen und sozialen Umwelt.

Das Lectorium Rosicrucianum und die Wissenschaften

Ein neues Weltbild

Die moderne Wissenschaft ist mit wenigen Ausnahmen materialistisch eingestellt. Sie versucht die Welt durch chemisch-physikalische Gesetze zu erklären: Das gilt in den Naturwissenschaften, von der Astrophysik und Physik bis hin zur Biologie, aber auch weit in Psychologie, Anthropologie und Gesellschaftswissenschaften hinein. Selbst die Geisteswissenschaften verzichten zunehmend auf den Anspruch, eine ihren Gegenständen eigene Gesetzmäßigkeit erforschen zu wollen, und verschreiben sich formalistischen, statistischen und mathematischen Methoden. Außerdem dient die moderne Wissenschaft fast aussschließlich den Bedürfnissen des diesseitigen Menschen nach Wohlstand, Glück und Herrschaft über die Natur und andere Menschen.

Aus den Gesetzen des Geistes aber ergibt sich eine ganz andere Wissenschaft, ganz neue Perspektiven auf alle Aspekte des Lebens. Das Weltbild der Geistesschule des Rosenkreuzes ist von der Erfahrung geprägt, daß allem Erscheinenden und der Materie selbst geistige Gesetze zugrundeliegen. Daraus folgt dann, daß eine neue Wissenschaft der Bestimmung des Menschen dienen würde, die in der Freiheit, Einheit und Liebe aller Menschen auf der Basis der Geistgesetze besteht.

Naturwissenschaften

Geistig schauende Menschen haben seit den frühesten Zeiten bis zur Gegenwart die Entwicklung von Welt und Menschheit in einer weit umfassenderen Perspektive beschrieben als die heutige Naturwissenschaft. Die Kosmologie und Anthropologie in den Werken z. B. H. P. Blavatskys, R. Steiners und M. Heindels schildern nicht nur die grobstoffliche Formseite der Evolution von Welt und Menschheit, sondern auch die innere, feinstoffliche Seite, und erhellen dadurch ganz andere Zusammenhänge.[98] Jan van Rijckenborgh stellt die grob- und feinstoffliche Seite der Dinge außerdem betont der ursprünglichen geistigen Welt gegenüber, wodurch sich die eigentliche Wertung der grob- und feinstofflichen Entwicklungen ergibt. Vor diesem Horizont erhalten die Daten der modernen naturwissenschaftlichen Forschung und die durch sie ermittelten Gesetze erst ihren eigentlichen Sinn. Würde die Naturwissenschaft von solchen Perspektiven ausgehen, würden eine ganz neue Physik, Chemie und Biologie entstehen.

Neue Medizin

Auch eine neue Medizin könnte sich entwickeln und würde, wie es teilweise heute schon geschieht, die psychosomatischen Prozesse weit eingehender studieren als bisher. Sie würde erkennen, daß die meisten körperlichen Krankheiten aus Denkmustern, Empfindungsmustern und Energieströmen entstehen, die sich nicht im Einklang mit dem Gesetz, nach dem der Mensch angetreten ist, befinden. Ja sie wird erkennen, daß auch viele psychische und Geisteskrankheiten – die wieder körperliche Krankheiten hervorrufen können –, aus einer Störung der geistigen Kraftlinien, die im Menschen wirken und ihn zur Verwirklichung des wahren Selbst drängen, hervorgehen.

Wenn ein Mensch auf die Impulse der geistigen Welt, die in ihm wirken will, nicht oder falsch reagiert, wird seine ganze Verfassung – Denken, Fühlen, Energiehaushalt und Körper – in Mitleidenschaft gezogen. Solche Störungen und falschen Reaktionen werden in der geistigen Welt gebucht. Und diese Buchungen sind in der Regel langlebiger als nur eine Körperform dieses Menschen. Sie können sich auf viele aufeinanderfolgende Körper, viele Reinkarnationen, auswirken, so daß ein Mensch z. B. mit organischen oder psychischen Erkrankungen auf die Welt kommt, die Folgeerscheinung früherer falscher Reaktionen sind.[99]

Eine neue Medizin könnte diese Zusammenhänge erforschen und vor allem auch neue Maßstäbe dafür, was gesund ist und was nicht, entwickeln. Denn eigentliche Gesundheit ist nur dann gegeben, wenn der Mensch nach Geist, Seele und Körper im Einklang mit den Gesetzen, die in ihm angelegt sind, lebt und sich entwickelt.

Neue Psychologie

Dasselbe gilt für die Psychologie. Eine neue Psychologie würde in erster Linie berücksichtigen, daß im Menschen und in der Menschheit von Ewigkeit her geistige und seelische Gesetze angelegt sind, und daß sich außerdem in jedem Menschen und in der Menschheit Ereignisse aus vielen früheren Reinkarnationen auswirken. Es geht nicht nur darum, aus der Kindheit oder dem gegenwärtigen Erwachsenenleben stammende psychische Konflikte zu orten und zu heilen. Meist sind doch solche Konflikte Ausdruck weit tiefer liegender Störungen im geistig-seelischen Haushalt des Menschen. Nachhaltige und wirkliche psychische Heilung kann nur dadurch erfolgen, daß der Mensch wieder mit der geistigen Welt, ihren Gesetzen und Kräften in Verbindung kommt, und zwar so, daß er diese Verbindung selbst im Innern erfährt und verwirklicht. Der einzige Weg zur eigentlichen Heilung des Menschen ist ein spiritueller Weg.

Eine Verbindung des Menschen mit dem Geist im eigenen Innern und die Verarbeitung von Konflikten auf der Basis des wahren Selbst kann nur derjenige Psychologe fördern, der selbst aus der Verbindung zum Geist lebt. Ein Psychologe müßte gleichzeitig Pneumatologe sein und Seele und Geist nicht nur kennen, sondern auch erleben. Denn die Seele erhält ihr Leben und ihre Ziele aus dem Geist. Wie sonst könnte jemand, der nicht die Gesetze und Kräfte des Geistes kennt und lebt, einem Menschen behilflich sein, sein Seelenziel, den Sinn seines Lebens und dadurch seelische Gesundheit zu finden?

Gesellschafts-Wissenschaften

Die Wissenschaften von der Gesellschaft: Rechts-, Wirtschafts-, politische Wissenschaften und Soziologie beschränken sich heute entweder auf die Feststellung dessen, was ist, oder beurteilen das Vorhandene am Maßstab des demokratischen Rechtsstaats oder aufgrund von Modellen idealer Gesellschaften. Es ist nur zu verständlich, daß immer neue Gesellschaftsentwürfe entwickelt werden. Denn die Welt ist voller Ungerechtigkeit, Unfreiheit und Armut, und schon die diesseitige Persönlichkeit des Menschen hegt immer die Hoffnung, durch Neuorganisation der Gesellschaft diese unerträglichen Gegebenheiten zu beseitigen. Erst recht aber wirkt in jedem Menschen das wahre, geistige Selbst, dessen Wesen Gerechtigkeit, Freiheit und Fülle ist und das danach verlangt, daß die äußere Welt der inneren, geistigen Welt entspreche.

Aber statt daß das wahre Selbst im Innern entwickelt wird, woraus sich dann eine entsprechende äußere Ordnung ergäbe, glaubt der Mensch, durch Änderung der Umstände allein seine tiefste Sehnsucht erfüllen zu können. Er projiziert die Vollkommenheit des wahren Selbst nach außen in neu zu errichtende Gesellschaftsstrukturen, ohne eine grundsätzliche Wesensveränderung vollziehen zu wollen.

Eine neue Gesellschaftswissenschaft müßte diese Zusammenhänge durchleuchten. Sie könnte zeigen, aus welchen Mißverständnissen und falschen Projektionen der Impulse der geistigen Welt ideologische Gesellschaftsentwürfe entstehen. Sie könnte zeigen, daß das dahinter stehende Bedürfnis nach einer auf Wahrheit, Gerechtigkeit und Freiheit beruhenden Gesellschaftsordnung berechtigt ist und aus dem wahren Selbst stammt, das sich entfalten möchte. Sie könnte auf dieser theoretischen Grundlage die konkreten totalitären ideologischen Systeme der jüngsten Vergangenheit überhaupt erst richtig begreifen und dadurch einen Beitrag zur Vergangenheits- und Gegenwartsbewältigung leisten. Denn diese Systeme, Faschismus und Kommunismus, sind nicht in erster Linie aus soziologischen, wirtschaftlichen und politischen Defiziten zu erklären. Armut und Unfreiheit, soziale Unsicherheit und nationale Ressentiments haben gewiß eine große Rolle bei ihrer Entstehung und ihrem Wachstum gespielt und einen Teil der psychischen Energien zu ihrer Entfaltung geliefert.

Aber entscheidend ist die Sehnsucht nach Verwirklichung der wahren Identität des Menschen, die als Motor hinter solchen Ideologien treibt. Es ist diese Ursehnsucht des Menschen, die erst die Stoßkraft dieser Bewegungen erklärt und die Begeisterung, ja die totale Hingabe verständlich macht, mit denen viele Menschen zumindest anfänglich diese Strömungen unterstützt haben.

Doch der neue Mensch, der wahre geistige Mensch, kann sich nur in den Strukturen und Kräften des Geistes entfalten und nur, wenn alle Selbstbehauptung und alle Erwartungen, aus der materiellen Welt könnte ein Paradies werden, geschwunden sind. Stattdessen versuchen totalitäre Systeme die „neue Gesellschaft" mit dem „neuen Menschen" gerade auf dem diesseitigen Menschen und im Bereich der diesseitigen Welt aufzubauen.

Sie projizieren die spirituelle Gemeinschaft aus dem Geist lebender Menschen auf diesseitig begründete Gemeinschaften. Das eine System erwartet die absolute Einheit der Menschen von einer „Volks- und Blutsgemeinschaft", also biologischen Zusammenhängen. Das andere System will die absolute Gerechtigkeit, Freiheit und Gleichheit in einer „klassenlosen Gesellschaft", somit durch wirtschaftliche und soziale Zusammenhänge, verwirklichen. Und den spirituellen, aus den geistigen Gesetzen und Kräften lebenden Menschen projizieren die totalitären Systeme auf den diesseitigen Menschen. In einer „Volks- und Blutsgemeinschaft" – unter biologischem Vorzeichen – ist dieser „neue Mensch" der reinrassige Mensch, der seinen „unverbildeten" natürlichen Instinkten folgt und nach außen Krieger, nach innen „Volksgenosse" ist. In einer „klassenlosen Gesellschaft", unter sozioökonomischem Vorzeichen, ist der neue Mensch der freie „Proletarier", der, international mit allen anderen Proletariern solidarisch verbunden, die Produktionsmittel gerecht verwaltet.

Auch eine neue Wirtschaftswissenschaft könnte entstehen. Sie würde zeigen, daß der Sinn des Wirtschaftens nicht sein kann, immer größeren individuellen oder kollektiven Wohlstand ohne Rücksicht auf Mensch und Umwelt zu erzielen.

Sinn des Wirtschaftens ist vor allem, die materiellen Voraussetzungen für die notwendigen kulturellen und geistigen Entwicklungen des Menschen zu schaffen. Denn in der Erfüllung seiner geistigen Bestimmung liegt doch das eigentliche Ziel des Menschen. Die neue Wirtschaftswissenschaft würde auch darlegen, daß die Weise des Wirtschaftens vor dem Hintergrund dieses Ziels nicht vom Prinzip der Selbstbehauptung des Menschen gegen den Menschen und die Natur bestimmt sein kann. Eine adäquate Weise des Wirtschaftens kann nur von der Kooperation des Menschen mit dem Menschen und der Natur ausgehen.

Das Lectorium Rosicrucianum und die Künste

Durch einen spirituellen Weg, wie ihn die Schüler der Geistesschule des Rosenkreuzes gehen, können im Schüler, künstlerische Begabung vorausgesetzt, auch die Grundlagen für eine neue bildende Kunst, Literatur und Musik entstehen, oder es können von einer solchen Schule Impulse für eine neue Kunst in der Gesellschaft ausgehen.

Bildende Kunst, Literatur und Musik können vielen Zwecken dienen: der Unterhaltung oder Erholung, der Betäubung oder dem Herausreißen des Menschen aus seinen Gewohnheiten, der Verteidigung des Bestehenden oder der Sozialkritik, vor allem aber auch der Erkenntnis der geistigen Welt. Sie können zeigen, wie sich diese in Dingen und Wesen rein oder – durch Mißverständnisse und falsche Projektionen verzerrt – unrein ausdrückt. Wenn sie auf diese Weise Erkenntnis vermitteln, tragen sie dazu bei, daß der Mensch sich seiner Bestimmung bewußt wird, geeignete Wege zur Verwirklichung der Gesetze der geistigen Welt findet und Irrwege vermeidet. Umgekehrt kann Kunst bewußt und unbewußt auch dazu verwendet werden, solche Bewußtwerdung zu verhindern.

Die Erkenntnisfunktion der Künste war in früheren Zeiten ihre höchste Funktion, ja von ihr erhielten sie erst ihre eigentliche Rechtfertigung und wurden die Maßstäbe dafür abgeleitet, was Kunst war und was nicht. Heute ist diese Funktion fast ganz zurückgetreten. Dabei hätten die Künste heute in einer chaotischen Situation erst recht die Aufgabe, seismographisch die atmosphärisch wirksam werdenden Kraftlinien der geistigen Welt, die auf ihre Verwirklichung im Menschen warten und zu einer neuen Ordnung des Denkens, Fühlens und Handelns drängen, zu erspüren und zu beschreiben.

Eine der höchsten Fähigkeiten des Menschen, das schöpferisch-gestalterische Vermögen, wäre damit von der Unverbindlichkeit und Orientierungslosigkeit, worunter es gegenwärtig leidet, befreit und würde wieder unmittelbar zu dem Ziel beitragen, dem im Grunde alle Fähigkeiten des Menschen dienen müßten: der Verwirklichung der Bestimmung des Menschen.

Das Lectorium Rosicrucianum und die Religion

Für das Lectorium Rosicrucianum ist Religion die Wiederverbindung des Geistkerns im Menschen mit der geistigen Welt, und zwar dadurch, daß das Geistige im Menschen bewußt und wirksam wird. Insofern unterscheidet sich die Auffassung des Lectorium Rosicrucianum von allen Auffassungen, die unter Religion die Wiederverbindung des diesseitigen Menschen mit der Geistwelt verstehen. Ist eine solche Verbindung nicht überhaupt unmöglich? Sagt nicht auch die Bibel: „Fleisch und Blut können das Reich Gottes nicht ererben"?[100] Der diesseitige Mensch kann nicht von den Toten auferweckt werden, auch nicht am Jüngsten Tag und in verwandelter Gestalt, und ewig leben. Was aus der vergänglichen Natur aufgebaut ist, wird sich in der Vergänglichkeit wieder auflösen. „Es ist ein anderer Toter, der auferweckt werden muß; ein Toter, der bereits seit Äonen tot ist, nämlich die himmlischen Körper des wahren Menschen, des Bürgers des Königreichs der Himmel."[101]

Daraus ergibt sich auch, daß die Beziehung des Menschen zur Geistwelt für die Geistesschule des Rosenkreuzes nicht das Gegenüber der diesseitigen Persönlichkeit zu einem persönlichen Gott ist, der alle dem diesseitigen Menschen vorstellbare und unvorstellbare Vollkommenheit verkörpert. Es handelt sich vielmehr um das bewußte Eingebettetsein des geistigen Menschen in die geistige Welt, aus der er hervorgegangen ist, in der er lebt und die ihm wieder bewußt wird. Das Verhältnis des geistigen Menschen zur geistigen Welt ist analog dem Verhältnis des Gedankens zum Denken, oder der Zelle zum Organismus, oder, wie es die Bibel ausdrückt, der Rebe zum Weinstock.[102]

Die universelle Kirche

Die Auferstehung des wahren Selbst ist sein Erwachen aus der

Latenz. Das ist nichts anderes als Erlösung: Befreiung des wahren Selbst aus seiner Gefangenschaft in der verfestigten, vom Geist getrennten Ichpersönlichkeit, und im Karma. Die Erlösung geschieht durch Bewußtwerdung des Geistes im wahren Selbst, durch Erkenntnis oder Erleuchtung. Dadurch wird dann auch die Persönlichkeit transfiguriert und von ihrer Ichhaftigkeit erlöst.

Die Erlösung des wahren Selbst vollzieht sich zwar unter Mitarbeit der diesseitigen Persönlichkeit, doch kann sie der Mensch nicht aus eigener Kraft vollbringen. Die Stifter der ursprünglichen Religionen und Mysterienschulen stellen ihm die dazu erforderlichen Kräfte zur Verfügung. Insofern sind sie Erlöser. Jeder Mensch, der die Wiederverbindung zur göttlichen Welt wiederhergestellt hat, wird in diesem Sinne zum Erlöser für andere: Er übermittelt ihnen Kräfte, in denen sie ihren Weg zur Wiederverbindung gehen können.

In dieser Kette der Erlösungsbemühungen um die Menschheit steht auch die Geistesschule des Rosenkreuzes. Alle mit dem Geist wiederverbundenen oder auf dem Weg zu diesem Ziel befindlichen Menschen bilden die Ekklesia, die wahre Kirche, die Bruderschaft des Lebens, die aus und mit den Christuskräften, den erlösenden Kräften der göttlichen Welt, arbeitet. Damit befindet sich die Geistesschule des Rosenkreuzes im Einklang mit allen anderen Religionen der Welt, was deren inneren Kern – nicht die dogmatische Außenseite – betrifft: mit dem inneren Kern des Hinduismus, enthalten z. B. in den Upanishaden, dem Kern des Buddhismus, wie er sich etwa im Dhammapada kundtut, der jüdischen Kabbala, dem islamischen Sufismus und dem ursprünglichen Christentum, das durch die Gnosis fortgeführt wurde. Denn im Kern streben alle Weltreligionen nach dem einen Ziel der Wiederverbindung des wahren Selbst des Menschen mit der geistigen Welt – durch Bewußtwerdung. Und in ihnen allen wirken mehr oder weniger direkt die erlösenden Christuskräfte. „In allen Weltreligionen spricht, zeugt und wirkt die Christushierarchie, und erst im letzten Glied dieser Kette feiern wir die Überwindung in Jesus dem Herrn.... In den sieben großen Religionsimpulsen dieser Periode handelte es sich um die Erfüllung einer Arbeit, die Zusammenhang besaß, gleichzeitig aber auf das jeweilige Ziel gerichtet war, nämlich den Bau einer Stufe jener Treppe, welche zu der schließlichen Manifestation Gottes im Fleisch, Jesus Christus, führen mußte."[103]

Man kann also die Kette der Religionen und Mysterienschulen und ihrer Gründer so sehen, daß sie alle aus dem einen Licht und der einen Kraft des Geistes schöpften, daß aber immer mehr Licht und Kraft geoffenbart wurde, in dem Maß, wie die Involution des Geistfunkens in die Materie fortschritt. Im gleichen Maß wurden auch immer mehr Schichten der Persönlichkeit von den durch den Geist ausgelösten Veränderungsprozessen erfaßt: zuerst nur die feineren Teile, wie Gedanken und Gefühle, schließlich aber auch der materielle Körper mit seinem Sinnen- und Ichbewußtsein. Es kam der Augenblick, wo sich die geistige Welt einem Menschen in ihrer Fülle offenbarte, bis in die tiefste Versunkenheit des Menschen hinein, aber auch so, daß die tiefste Versunkenheit dadurch rückgängig gemacht werden konnte. Der Christus, das Licht der göttlichen Welt, der Sohn des unsichtbaren Geistes, verband sich unmittelbar mit dem Menschen Jesus und erfüllte ihn, so daß dieser die Transfiguration bis in die materiellen Aspekte der Persönlichkeit hinein durchführen konnte. Seitdem ist prinzipiell diese Möglichkeit in der Menschheit verankert. Prinzipiell ist die ganze Menschheit zur Geistesschule geworden.

Die Geistesschule des Rosenkreuzes knüpft an diese Situation an und lehrt und vollzieht die Wiederverbindung mit der göttlichen Welt durch Transfiguration bis in die materiellen Aspekte der Persönlichkeit hinein. Sie versteht sich als Ausdruck des erlösenden Christusbemühens um die Menschheit. Und da der moderne Mensch, wegen seines in der Sinnenwelt tätigen Ichbewußtseins, prinzipiell zum selbständigen Denken und zur Selbstverantwortung fähig und bestimmt ist, formuliert die Geistesschule des Rosenkreuzes dieses Christusbemühen auf eine dem Verstand nachvollziehbare Weise.

Die heiligen Schriften

Entsprechend sind der Geistesschule des Rosenkreuzes auch die heiligen Schriften aller Religionen Zeugnisse der Erfahrungen von Menschen auf dem Weg zur Wiederverbindung mit der geistigen Welt und Beschreibungen der Hilfestellung, die die geistige Welt der Menschheit dabei gibt. Die heiligen Schriften der Religionen können nur verstanden werden, wenn man sie vor allem als Ausdruck der Erfahrungen liest, die das wahre Selbst auf seinem Weg durch die vergängliche Welt macht.

Das Neue Testament schildert, wie ein Mensch, Jesus, mit dem Christus verbunden wird – er wird zum „Gesalbten", der in der Christuskraft selbst den Weg der Transfiguration der Persönlichkeit geht und anderen diesen Weg, als Erlöser, ermöglicht. Der Tod am Kreuz ist die Folge dieser Mission.

Das Leben und der Tod Jesu sind exemplarisch für alle Fälle, in denen ein Erlöser in die Welt kommt oder ein Mensch in der Kraft dieses Erlösers den Weg der Transfiguration geht. Immer wird das Licht der Wahrheit verfolgt und gekreuzigt, sei es im einzelnen Menschen, der mit seiner Natur dem Licht Widerstand leistet, sei es, daß die Gesellschaft einen Erlöser-Menschen nicht akzeptieren will. Der Kreuzestod Jesu wird in diesem Sinne zum Bild dafür, daß der Christus im diesseitigen Menschen und seiner Gesellschaft stets verfolgt und getötet wird. Er wird außerdem zum Bild für die entscheidende Bedingung für die Wiederverbindung des wahren Selbst mit der geistigen Welt. Denn nur, wenn die alte Ich-Persönlichkeit „stirbt", „gekreuzigt" wird, kann das wahre Selbst bewußt und wirksam werden. Nur dann kann das wahre Selbst auferstehen und eine transfigurierte, unsterbliche Persönlichkeit aufbauen, die das „Grab" der irdischen Natur verläßt.

Die Auferstehung Jesu ist der Vorgang, daß der Christus,

das wahre Selbst, das in der diesseitigen Persönlichkeit Jesu aus Fleisch und Blut wie „tot" war, wieder bewußt und wirksam, also lebendig wird. Dadurch wird es auch möglich, daß die Persönlichkeit transfiguriert und ein neuer „Geistleib" in der alten Persönlichkeit entsteht. Dieser Geistleib ist als Ausdrucksmittel des wahren Selbst ebenfalls ewig und ersteht mit diesem auf. Die Reste der alten Persönlichkeit dagegen gehen den Weg allen Fleisches. Auferstehung ist mithin keine mit Sinnesaugen wahrnehmbare Tatsache, aber dennoch eine geistig-seelische Tatsache, deren verwandelnde Kraft sich bis ins Materielle hinein erstreckt.

Jeder Mensch, der den spirituellen Weg geht, wird in der Nachfolge Jesu zu dieser Auferstehung seines wahren Selbst und eines neuen Leibes gelangen. Auferstehung ist kein einmaliges Ereignis, das nur von Jesus vollzogen wurde. Sie ist kein einmaliger historischer Akt, sondern ein geistig-seelisch-materieller Vorgang, eine Gesetzmäßigkeit, die immer wieder historisch werden kann. Aber da Jesus sie exemplarisch vollzogen hat, kann seine Auferstehung als Bild und Symbol für jede danach folgende dienen.

Daher sagten die klassischen Rosenkreuzer von der Bibel: „Wir halten es vor allem für unsere Pflicht, zu erklären, daß dem Menschen seit der Erschaffung der Welt kein außergewöhnlicheres, bewunderungswürdigeres und heilsameres Buch gegeben wurde als die heilige Bibel. Gesegnet ist, wer sie besitzt; gesegneter, wer sie liest; am gesegnetsten, wer sie gründlich studiert; während Gott am ähnlichsten ist, wer sie versteht und befolgt." Die modernen Rosenkreuzer des Lectorium Rosicrucianum schließen sich dieser Erklärung an. Unzählige Male zitieren Catharose de Petri und Jan van Rijckenborgh in ihren Werken aus der Bibel und zeigen, daß und wie die lebendige Wahrheit darin zum Ausdruck kommt. Es gilt nur, den inneren Schlüssel zu finden, d.h. das Bewußtsein zu erkennen, aus dem die Bibelautoren schrieben. Dann erschließen sich die Texte in ihrem Reichtum und ihrer geistigen Substanz. Dem tut keinen Abbruch, daß sich bei van Rijckenborgh immer wieder auch Aussagen über bewußte Fälschungen des Neuen Testaments finden. Hier übernahm er Darstellungen von Autoren, die sich nicht auf dem Stand der heutigen textkritischen Forschung befanden. Die uns vorliegenden Texte des Neuen Testaments sind nach den Ergebnissen der modernen Bibelwissenschaft im wesentlichen so überliefert, wie sie in den Jahrzehnten zwischen etwa 40 n.Chr. bis 100 n.Chr. verfaßt bzw. redigiert worden sind. Wenn Fälschungen erfolgt sind, dann vor allem durch eine dogmatische Interpretation, die den eigentlichen Sinn der Texte verstellt.

Das Lectorium Rosicrucianum und die Kirchen

Was sein Verhältnis zu den Kirchen anbelangt, so begreift der Schüler einer Geistesschule gut, was einem Menschen der Glaube geben kann, der diesseitige Mensch werde durch einen Erlöser erlöst und ewig leben. Denn der diesseitige Mensch wünscht sich nichts sehnlicher, als dem Schmerz und der Schuld in dieser vergänglichen Welt enthoben zu sein. Aber der Schüler einer Geistesschule hat auch erfahren, daß dieser Glaube seine tiefste Sehnsucht und Ahnung nicht befriedigt. Er weiß, daß die tiefste Sehnsucht erst dann gestillt ist, wenn das wahre Selbst mit der geistigen Welt eins geworden ist.

Der Schüler einer Geistesschule begreift auch sehr gut, was dem diesseitigen Menschen die Beziehung zu einem persönlichen Gott bedeutet. Er ist ja selbst ein diesseitiger Mensch und kennt dessen Bedürfnis, in einer persönlichen Beziehung geborgen zu sein. Aber er erlebt auch gleichzeitig, daß es die Bestimmung des Menschen ist, die Einheit des wahren, geistigen Selbst mit der geistigen Welt, dem unkennbaren „Vaterprinzip", aus dem das wahre Selbst geboren ist, zu erfahren und darin eingebettet zu sein, wie eine lebendige, bewußte Zelle in einem lebendigen, bewußten Organismus.

Aus diesem Wissen und Streben des Lectorium Rosicrucianum heraus ergibt sich, daß ein Schüler der Geistesschule des

„Das Mysterium der Seligpreisungen", ein Buch, das aus Ansprachen zusammengestellt worden ist, die Jan van Rijckenborgh in den Jahren 1945 - 1947 gehalten hat

Rosenkreuzes nicht gleichzeitig Angehöriger einer Kirche sein kann. Schon so vergleichsweise minimale Unterschiede im äußeren Glauben, wie sie etwa zwischen Protestanten und Katholiken bestehen, schließen die gleichzeitige Zugehörigkeit eines Menschen zur katholischen und einer protestantischen Kirche aus. Denn ein Mensch kann nicht an zwei miteinander unvereinbare Dogmen glauben.

Um so selbstverständlicher ist, daß ein Mensch, der über die Begrenztheit des diesseitigen Menschen hinaus und in die Einheit mit dem Geist gelangen will, nicht gleichzeitig dieser Begrenztheit verhaftet bleiben kann. Die Kräfte des Geistes im wahren Selbst lösen die Tendenzen des diesseitigen Menschen, auferstehen und ewig leben zu wollen, auf. Ein Schüler der Geistesschule des Rosenkreuzes, der sich den Kräften des Geistes übergibt, kann nicht gleichzeitig die Tendenzen des diesseitigen Menschen weiterverfolgen.

Jeder Schüler, der in die Geistesschule des Rosenkreuzes eintritt, hat ein Jahr Zeit, sich mit diesen Sachverhalten und Gesetzmäßigkeiten im eigenen Wesen und in der Welt zu beschäftigen. Kommt er zu der Überzeugung, daß er sein Lebensziel und sein Heil doch in einer traditionellen Religion und Kirche suchen sollte, so kann er frei und ungehindert die Geistesschule des Rosenkreuzes wieder verlassen. Sofern er nicht Schüler, sondern Mitglied ist, steht es ihm frei, so lange er möchte, gleichzeitig Kirchenmitglied zu sein.

Das Lectorium Rosicrucianum und esoterische Strömungen

Die große Lebensleistung und das Vermächtnis der Gründer der Geistesschule des Rosenkreuzes ist es, im Chaos der esoterischen Strömungen der Gegenwart den von aller diesseitigen und jenseitigen Bestimmtheit befreienden Weg freigelegt, mittels einer Philosophie erklärt und durch eine moderne Geistesschule erneut konkret in der diesseitigen Welt verankert zu haben. Es war ihre Erkenntnis, daß ein Weg, der unmittelbar zur Bestimmung des Menschen, zur Wiederherstellung der Einheit des Menschen mit seinem göttlichen Ursprung, führt, nur in einer Transfiguration der menschlichen Persönlichkeit bestehen kann. Dieser Weg ist bereits im ursprünglichen Christentum angelegt. Es ist der christliche Mysterien- und Einweihungsweg, wie ihn Jan van Rijckenborgh in „Dei Gloria Intacta" beschrieben hat.

Aus dieser Perspektive ergibt sich ein umfassender Blick auf die zahlreichen esoterischen Bewegungen und Gruppierungen der Gegenwart.

Erstens:

Unter den esoterischen Wegen, die tatsächlich die Wiedergewinnung der Einheit des Menschen mit seinem göttlichen Ursprung anstreben, führt nur noch der Transfigurismus zum Ziel. Das bedeutet: Der Weg des Schülers knüpft unmittelbar an seinem Geistfunken, der Repräsentanz der göttlichen Welt in ihm, an. Er besteht im Aufbau einer neuen, aus dem Geist lebenden Persönlichkeit, bei gleichzeitigem bewußtem Abbruch des alten, ichbezogenen Menschen. Traditionelle esoterische Wege des Ostens wie des Westens, die einst befreiend gewesen sein mögen, können für den gegenwärtigen Menschen keine befreiende Wirkung mehr, höchstens noch eine vorbereitende Funktion haben. Zu sehr ist dieser Mensch in der Grob- und Feinstofflichkeit und Ichbezogenheit verankert.

Eine „Höherentwicklung" des irdischen Menschen in die geistige Welt hinein ist nicht mehr möglich. So sehr er seine Körper auch verfeinern mag – und mögen sie auch quantitativ die Schwingungen der ursprünglichen, vom Geist geprägten Seelenwelt erreichen: Sie sind doch qualitativ von Ichbezogenheit beherrscht und können daher dem neuen Lebensfeld, das frei von Ichbezogenheit ist, nicht entsprechen. In der „Alchimischen Hochzeit von Christian Rosenkreuz" gelangen einige Sucher auf Grund von Methoden der Verfeinerung ihrer irdischen Körper in den „Hochzeitssaal". Aber sie werden wieder fortgeschickt, weil sie den Prüfungen durch die von Ichbezogenheit freien Kräfte des Geistes nicht standhalten können.

Auch eine qualitative Veränderung der höheren feinstofflichen Körper, wobei die niederen Körper bleiben, wie sie sind, kann nicht mehr befreiend sein. Die niederen werden die höheren, auch wenn diese qualitativ dem neuen Lebensfeld entsprechen sollten, stets zurückhalten und behindern.

Nur eine vollkommene Preisgabe der Ichzentralität in allen Körpern auf der Basis des Geistfunkens im Menschen führt also zum Ziel. Denn nur so können neue Körper aufgebaut werden, die dem neuen Lebensfeld entsprechen.

Zweitens:

Es gibt derzeit zahlreiche esoterische Systeme und Wege, die als ihr Ziel die Wiederanknüpfung des Menschen an die göttliche Welt angeben, jedoch die feinstofflichen Gebiete der vergänglichen irdischen Welt mit der göttlichen Welt des ursprünglichen Geistes verwechseln. Daher unterschieden die Gründer der Geistesschule des Rosenkreuzes so scharf zwischen den beiden „Naturordnungen": Jenseits und Diesseits auf der einen Seite, Übernatur, das heißt göttliche Welt, auf der anderen Seite. Viele esoterische Gruppen sprechen von „göttlichen" Energien und Meistern, die in Wirklichkeit nicht der göttlichen Welt, sondern den feinstofflichen Gebieten angehören. Auch diese Gruppen verlangen die Preisgabe der Ichbezogenheit – denn auch wer das höhere Ich im Jenseits entfalten will, muß das niedere Ich im Diesseits preisgeben. Geht jedoch der Mensch einen solchen Weg, verliert er sein niederes Ich nicht zugunsten seines innersten Wesenskernes, seines wahren Selbst, seines Geistfunkens, sondern zugunsten einer dem wahren Selbst fremden Autorität oder Ideologie, die an seinem höheren Ich anknüpft. Er gerät in die Gefangenschaft einer seiner eigentlichen Identität fremden Autorität oder Ideologie. Auf dem transfiguristischen Weg dagegen gibt der Schüler sowohl sein niederes Ich als auch sein höheres Ich preis, und zwar zugunsten seiner eigentlichen Identität, seines unsterblichen Geistprinzips.

Drittens:

Darüber hinaus gibt es esoterische Wege, die direkt das Macht- und Glücksbedürfnis des Menschen, also seine Ichbezogenheit, ansprechen und ihm Meisterung des Lebens in den grob- oder feinstofflichen Gebieten der Welt verheißen. Auch auf diese Tatsache haben die Gründer der Geistesschule des Rosenkreuzes stets hingewiesen.

Solche Wege benützen die Esoterik zur Entspannung, Konfliktbewältigung, Gesundung und Harmonisierung des Menschen oder zur Erweiterung des Bewußtseins in die feinstofflichen Gebiete hinein, wodurch der Mensch Herr über das Schicksal, den Zufall und andere Menschen werden soll. Das aber widerspricht geradezu dem eigentlichen Ziel jeder wahren Esoterik, nämlich Wiederverbindung des wahren Selbst des Menschen mit der göttlichen Welt.

All solche Wege mögen Vorstufen eines Suchers sein, der am Ende erkennt, daß sie sein innerstes Bedürfnis doch nicht stillen und manchmal sogar erheblichen Schaden für seine Möglichkeit, einen wirklich befreienden Weg zu gehen, angerichtet haben. Insofern haben sie, als vielleicht notwendige Erfahrungen auf dem Weg des Wahrheitssuchers, ihre Berechtigung. Entscheidet er sich nach möglicherweise vielen derartigen Erfahrungen für eine Geistesschule wie die des Rosenkreuzes, so ergibt sich aus dem Gesagten, daß er nicht gleichzeitig Schüler dieser Schule und einer anderen esoterischen Gemeinschaft sein oder weiter esoterische Methoden anwenden kann, die seine persönlichen Interessen nur noch bestärken oder ihn mit dem Jenseits verbinden wollen. Er wird diese Unvereinbarkeit selbst erkennen, wenn er Unterscheidungsvermögen gewonnen und erlebt hat, daß alle solche Methoden ihn an die Interessen seiner niederen oder höheren Ich-Persönlichkeit binden, von denen er sich ja gerade lösen will.

Ein Wachwerden und Bewußtwerden des wahren Selbst setzt das Freiwerden von solchen Interessen voraus. Denn das wahre Selbst ist in den Gesetzen und Kräften des Geistes verankert, die menschheitsumfassend sind und sich selbst verströmen, während die niedere und höhere Ichpersönlichkeit immer sich selbst und ihre Macht, sei es auch noch so sublim, suchen.

Renova-Tempel (Erneuerungstempel) zu Laage Vuursche im niederländischen Arbeitsfeld

Das Offenbarwerden des Christus

Der Christus, der wahre Mensch, angelegt in jedem Einzelnen und in der Menschheit als ganzer, will offenbar werden. Unzählige Katastrophen und Konflikte in Einzelnen und Völkern entstehen aus den – negativen – Reaktionen der Menschen auf das in ihnen drängende Bild des wahren Menschen. Das Ebenbild Gottes, der Christus in ihnen, will sich, gedrängt vom kosmischen Aquarius-Impuls, entfalten.

Der Mensch kann positiv auf dieses in ihm drängende Bild reagieren und bewußt einen Weg gehen, auf dem er die der Entfaltung des Bildes hinderlichen Tendenzen ablegt. Er kann aber auch negativ reagieren und ungeheure Leiden und Enttäuschungen aufrufen. Doch dadurch lernt er.

So schiebt der Christus im Menschen und in der Menschheit allmählich die Hüllen des sich selbst behauptenden Ich, die sein Erscheinen verhindern wollen, zur Seite.

Die Geistesschule des Rosenkreuzes versucht, positiv auf das im Menschen drängende wahre Selbst und die kosmischen Geistimpulse zu reagieren. In dem Maß, wie sich in den Schülern durch Einsicht und innere Arbeit die Hüllen, die den Christus, das wahre Selbst, verbergen, auflösen, zeigen sich die Konturen des Christus in ihnen und in der Geistesschule. Denn was ist das Kommen des Christus anderes als die Manifestation des im Menschen und in der Menschheit angelegten wahren, geistigen Menschen?

Wenn es in der Bibel heißt, der Christus komme „in den Wolken des Himmels"[107], so sind die „Wolken des Himmels" eine Andeutung für das Feld des kosmischen Geistes, das auf die ganze Menschheit einwirkt und besondere Stärke im Kraftfeld der Geistesschule und im Geistfeld des einzelnen Schülers entfaltet.

In den Gründern der Geistesschule des Rosenkreuzes war der wahre Mensch, der Christus, sichtbar geworden. Im Aufbau und in der Arbeit der Geistesschule des Rosenkreuzes hat er Gestalt angenommen. In den Schülern wird er, nachdem die Gründer ihren materiellen Körper abgelegt haben und nur noch aus dem Geistfeld heraus wirken, erst allmählich bewußt und wirksam. Er zeigt sich vor allem noch als Drängen und im inneren Kampf der Schüler um das richtige Unterscheidungsvermögen und das Freiwerden von ihren den wahren Menschen bedeckenden Hüllen. Werden sich die Christuskräfte in den Schülern einmal ganz offenbaren? Werden diese sich des Christus voll bewußt werden und bewußt den Geist erfahren, der von ihm ausgeht? Das Streben geht dahin. Und schon die Konturen des Christus, des wahren Selbst, das durch alle inneren Kämpfe hindurchschimmert, können im einzelnen Schüler, in ihrer Gemeinschaft und in der Welt viel bewirken.

„Es gibt Tausende, die vorgeben, Christus zu kennen. Sie sprechen Seine Worte mit den Lippen nach, aber das Herz bleibt unberührt, und das Haupt begreift Ihn nicht. Sie wissen von einem heiligen Opfer in uralter Vergangenheit, aber von dem Antlitz mit der Dornenkrone, das jetzt am Horizont zu sehen ist, wissen sie nichts.... Und deshalb ist es die Sendung des Ordens vom Rosenkreuz, Ihnen zu sagen, wer, wie und was der Christus ist, was dieser gewaltige Sonnengeist von uns will und für uns will und tut. Es geht nicht... um das negative Abwarten: ‚Er wird alles recht machen.' Nein, wir müssen es selbst tun!... In uns selbst muß der Liebesbrand des Geistes ausbrechen... Christus ist eine Kraft, der Logos... Er ist alles in allem, wenn wir nur bewußt und dynamisch auf den Geist Gottes reagieren."[108]

Anmerkungen

Alle Bücher von Catharose de Petri und Jan van Rijckenborgh sind in der Rozekruis Pers, Haarlem erschienen.

1 Gott sprach: „Laßt uns Menschen machen nach unserem Bilde..." (1. Mose 1, 26)
2 Tao Te King, Spruch 2
3 Majjhima Nikayo I, 22. Sutra
4 Vgl. Friedrich Weinreb, „Vor Babel", Weiler 1995
5 Markus 8, 35
6 Jan van Rijckenborgh, „Dei Gloria Intacta", 1953, S. 654 f.
7 Die Bezeichnungen „Lectorium Rosicrucianum" und „Geistesschule des Rosenkreuzes" werden in diesem Buch mehr oder weniger synonym verwendet. Man könnte höchstens sagen, daß „Lectorium Rosicrucianum" mehr die äußere Organisation betont, „Geistesschule des Goldenen Rosenkreuzes" mehr die innere Arbeit.
8 Jan van Rijckenborgh, „Die elementare Philosophie des modernen Rosenkreuzes", 1970, S. 3 f.
9 Jan van Rijckenborgh, „Dei Gloria Intacta", 1953, S. 214
10 Jan van Rijckenborgh, „Elementare Philosophie", 1970, S. 2
11 Catharose De Petri, „Transfiguration", 1980, S. 9
12 Jan van Rijckenborgh, „Dei Gloria Intacta", 1953, S. 8 f.
13 ebda

14 Rupert Sheldrake, „Das schöpferische Universum"

15 Eugen Heinrich Schmitt, „Die Gnosis", Aalen 1968

16 Vgl. Rudolf Steiner, „Wie erlangt man Erkenntnisse der höheren Welten", und: „Die Geheimwissenschaft im Umriß", Dornach

17 Zu Max Heindel siehe „Ursprung und Entstehung der Rosenkreuzer-Gemeinschaft", hrsg. von der Rosenkreuzer-Gemeinschaft, Darmstadt 1969.

18 Jan van Rijckenborgh, „Elementare Philosophie", 1970, S. 56, 55

19 Psalm 138, 8

20 Jan van Rijckenborgh, „Dei Gloria Intacta", 1953, S. 191

21 J. W. Jongedijk, „Geestlijke Lijders van ons Volk", 1962, S. 172

22 Vgl. Vortrag von A. H. van den Brul, gehalten auf einem Symposium in Wolfenbüttel vom 23. - 25. November 1994, abgedruckt in Pentagramm (Zeitschrift des Lectorium Rosicrucianum), Nr. 2, 1995, Artikel: „Jan van Rijckenborgh – ein moderner Rosenkreuzer und hermetischer Gnostiker"

23 Galater 2, 20

24 Die folgenden Ausführungen stützen sich auf eine Broschüre der Brüder Leene aus dem Jahre 1936: „Enige grepen uit de geschiedenis van het Nederlandse Rozekruisers Genootschap" (Auszüge aus der Geschichte der Nederlandse Rozekruisers Genootschap) und ein Manuskript von G. Westenberg vom 24. Juli 1987: „Een korte schets van het ontstaan van het Lectorium Rosicrucianum en haar leerstellingen"
(Kurze Entstehungsgeschichte des Lectorium Rosicrucianum und seiner Lehren).

25 Lukas 7, 28

26 Jan van Rijckenborgh, „Elementare Philosophie", 1970, S. 259
27 Brüder Leene, Auszüge aus der Geschichte der Nederlandse Rozekruisers Genootschap
28 G. Westenberg, Kurze Entstehungsgeschichte des Lectorium Rosicrucianum und seiner Lehren, S. 3
29 Jan van Rijckenborgh, „Die Gnosis in aktueller Offenbarung, 1956, S. 139 f.
30 J. W. Jongedijk, a. a. O., S. 178
31 „Catharose de Petri – 24. Dezember 1980", S. 7
32 J. W. Jongedijk, a. a. O., S. 179
33 Jan van Rijckenborgh, „Dei Gloria Intacta", 1953, S. 19 f.
34 ebda, S. 15 f.
35 ebda, S. 13
36 ebda, S. 16
37 ebda, S. 17 f.
38 Matthäus 6, 33
39 Catharose de Petri, „Das lebende Wort", S. 95
40 Jan van Rijckenborgh, „Gnosis in aktueller Offenbarung", 1956, S. 146
41 ebda., S. 158 f.
42 Siehe auch Rudolf Steiner, „Das esoterische Christentum und die geistige Führung der Menschheit", Dornach 1962.
43 Offenbarung des Johannes 21, 1
44 „Fama Fraternitatis" (1614), „Confessio Fraternitatis" (1615), „Chymische Hochzeit Christiani Rosenkreuz: Anno 1459" (1616)
45 C. Gilly, Katalog einer Ausstellung in der Bibliotheca Philosophica Hermetica, Amsterdam 1986, S. 67

46 Joseph R. Ritman, Der Schlüssel zur hermetischen Philosophie, in: „Das Erbe des Christian Rosenkreuz", Amsterdam 1988, S. 205

47 Jan van Rijckenborgh, „Der Ruf der Rosenkreuzerbruderschaft", 1985, S. 35

48 C. Gilly, a. a. O., S. 73

49 ebda., S. 65 f.

50 Abgedruckt in René Nelli, „Écritures Cathares", Paris 1959

51 Die „Reinen" = griechisch „Katharoi". Aus diesem Wort entstand das Wort „Ketzer".

52 Vgl. Lothar Baier, „Die große Ketzerei", Berlin 1984

53 Vgl. Antonin Gadal, „Auf dem Weg zum heiligen Gral", Haarlem 1980

54 Zur Alchimie siehe Titus Burckhardt, „Alchemie", Andechs 1992

55 1. Korinther 13, 12

56 Jan van Rijckenborgh, „Die Alchimische Hochzeit von Christian Rosenkreuz", 1976, S. 355

57 „Geist" und „Seele" sind nicht identisch mit dem „Animus" und der „Anima" C. G. Jungs. Animus und Anima sind Seelenkräfte der diesseitigen Persönlichkeit, während Geist und Seele der Alchimisten Faktoren der im Menschen latent gewordenen Geistwelt sind. Wenn diese Faktoren wieder wirksam werden, lebt der Mensch als Geist und Geistseele, als „Geistseelenmensch", aus der geistigen Welt, und seine Persönlichkeit wird durch beide Faktoren so erneuert und transfiguriert, daß sie wieder Ausdruck der geistigen Welt ist.

58 Jan van Rijckenborgh, „Elementare Philosophie", 1970, S. 203

59 ebda, S. 208

60 Zur Entstehung der Gnosis siehe Konrad Dietzfelbinger, „Mysterienschulen des Abendlandes", München 1997
61 Römer 6, 6
62 Johannes 10, 30
63 Johannes 8, 12
64 Johannes 12, 36
65 Weisheit Salomos, 2 und 3
66 2. Korinther 4, 4
67 Matthäus 5, 48
68 „Das Evangelium der Pistis Sophia", hrsg. von C. M. Siegert, Bad Teinach 1987
69 Vollständige Texte aus Nag Hammadi in 4 Bänden, herausgegeben und kommentiert von Konrad Dietzfelbinger, Andechs 1988 - 1994
70 Die hermetischen Schriften sind im 1. oder 2. nachchristlichen Jahrhundert wohl in Alexandria verfaßt worden und sind Niederschlag und Wiederbelebung uralter ägyptischer Mysterientraditionen – deshalb Hermes, der ägyptische Thot –, die hier mit Hilfe der griechischen, vor allem platonischen Philosophie dargestellt werden.
71 Jan van Rijckenborgh, „Gnosis in aktueller Offenbarung", S. 159 f.
72 Johannes 8, 32
73 Matthäus 5, 3. So die wörtliche Übersetzung aus dem Griechischen.
74 Markus 8, 35
75 1. Kor. 13, 12
76 Jakob Böhme, „Aurora oder die Morgenröte im Aufgang", Insel-Taschenbuch
77 Jan van Rijckenborgh, „Elementare Philosophie", 1970, S. 49

78 Jan van Rijckenborgh, „Der kommende neue Mensch", 1975, S. 214
79 ebda, S. 25 f.
80 ebda, S. 35 f.
81 ebda, S. 42
82 ebda, S. 218
83 ebda, S. 219
84 ebda, S. 239 ff.
85 ebda, S. 261
86 Jan van Rijckenborgh, „Dei Gloria Intacta", 1953, S. 119
87 ebda, S. 116
88 Johannes 2, 19 - 21
89 Johannes 4, 24
90 Jan van Rijckenborgh, „Elementare Philosophie", S. 9
91 ebda, S. 3
92 Tao Te King, Spruch 32
93 Römer 12, 4
94 z. B. Markus 6, 30 - 44 und 8, 1 - 9
95 Jan van Rijckenborgh, „Gnosis in aktueller Offenbarung", 1956, S. 152
96 Jan van Rijckenborgh, „Elementare Philosophie", S. 221
97 ebda, S. 222
98 Eine Darstellung gibt z. B. Rudolf Steiner in seiner „Geheimwissenschaft im Umriß" oder Max Heindel in „Weltanschauung der Rosenkreuzer"
99 Sie können natürlich auch Folgen eines Fehlverhaltens der Eltern oder der Umgebung sein. Die Stelle Johannes 9, 1 - 3 spielt auf diese beiden Möglichkeiten an.
100 1. Korinther 15, 50
101 Jan van Rijckenborgh, „Dei Gloria Intacta", 1953, S. 27

102 Johannes 15, 1
103 Jan van Rijckenborgh, „Dei Gloria Intacta", 1953, S. 40
104 Jan van Rijckenborgh, „Elementare Philosophie", S. 255 f.
105 ebda, S. 236
106 ebda, S. 257
107 Markus 13, 26
108 Jan van Rijckenborgh, „Das Bekenntnis der Rosenkreuzerbruderschaft", 1971, S. 25 f.

Alle Bücher von Catharose de Petri und Jan van Rijckenborgh sind zu beziehen bei

Rozekruis Pers, Postfach 1307, D-51657 Wiehl

Alle anderen genannten Titel können – soweit noch lieferbar – über die Versandbuchhandlung im Dingfelder Verlag besorgt werden.

Dingfelder Verlag, Abt. Versandbuchhandlung,
Postfach 6, D-82346 Andechs

Bücher aus dem Dingfelder Verlag

Reiner Klein

Lux Lucet in Tenebris
- Der verborgene Quell der Katharer -

Wie alte Fresken - zugedeckt von der Fülle der Literatur über die Hüter des Grals in Occitanien - legt der Autor die Schicksalslinien der katharischen Parfaits und ihrer Schützlinge aufs neue frei. Lebendige Betroffenheit, Auflehnung gegen die Mächte der Welt, eigene Verwandlung schließlich - das sind die Begleiter auf dem Weg jahrelanger Recherche des Autors und seiner Weggefährten.

Wie war es denn wirklich? Wie müssen wir schauen, um zu begreifen? Welche Saiten in uns selbst kommen ins Mitklingen angesichts dieser unglaublichen Schlacht zwischen Licht und Finsternis? So wie der Autor erhält auch der Leser schließlich unmittelbaren Anteil am Geschehen, unauflöslich verwoben mit den Schicksalskräften und Grundfragen allen Seins.

Die Ereignisse verlagern sich insgeheim nach innen, aus dem geschichtlichen Gemälde außen wird innere Wirklichkeit, wir erkennen die ewige Inquisition, wie sie tief in uns selbst wütet, all unser Denken und Handeln wie ein Pilzmyzel durchzieht und uns - warum nur? - an etwas hindern will, das schließlich unsere Bestimmung sein könnte.

Aber wir erleben auch, wie der Ausweg nicht im Kampf zu finden ist und daß die Freiheit zur Verwandlung näher ist als Hände und Füße, um mit dem alten Wort zu sprechen. Denn das Licht scheint in der Finsternis. – Ein Gegenwartsbuch!

Reiner Klein, Lux Lucet in Tenebris, - Der verborgene Quell der Katharer - ca. 250 S., 13,5 x 21 cm, ISBN 3-926253-53-3 (Ebr)

Die Björkman-Bibliothek

Rut Björkman, geboren am 16. September 1901 in Hudiksvall, Hälsingland, Schweden, lebte seit 1935 in Deutschland, nach 1950 in Uffing am Staffelsee bei Garmisch-Partenkirchen. Die Vorfahren mütterlicherseits waren durch mehrere Generationen hindurch Baptisten, die für die Taufe erst der Erwachsenen nach eigenem Entschluß eintreten.

Die Schwester der Großmutter war eine »Leserin«, die regelmäßig (bis ca. 1900 als Widerspruch zur Staatskirche verboten) in einer umgebauten Scheune den Leuten aus der Bibel vortrug. Der Vater, ebenfalls Baptist, war Laienprediger in vielen Gemeinden Nord-Schwedens.

Das Elternhaus von Rut Björkman – sie hatte fünf Geschwister – war geprägt vom Leben für und mit der Baptisten-Gemeinde in Hudiksvall, geleitet von spirituellen, nicht dogmatisch-religiösen Werten. Höhepunkte im Leben der Familie und Gemeinde waren die Besuche auswärtiger Erweckerprediger, meist aus Stockholm. Mit acht Jahren wurde Rut in die Gemeinde der Baptisten aufgenommen und auf eigenen Wunsch getauft. Als Schülerin las sie Freundinnen aus der Bibel vor und legte ihnen die Texte aus. Rut war sehr der Natur verbunden, deren Wachsen, Blühen und Früchtetragen ihr ein Gleichnis für die geistige Aufgabe des Menschen wurde. Siebzehnjährig erlebte Rut einen religiösen Durchbruch. Sie vertrat den Vater als Prediger. Mit achtzehn Jahren wurde ihr das Gedankengut von Nietzsche, Kierkegaard, Tagore, Rilke, Johannes Müller u.a. bekannt.

Mit zwanzig Jahren (1921) hielt sie sich ein Jahr in Wien auf, um Deutsch und Englisch zu studieren. Zurückgekehrt nach Hudiksvall, trat sie mit einundzwanzig Jahren aus der Baptistengemeinde aus, die ihr zu eng geworden war. Es folgten 1922 ein Aufenthalt in Deutschland, 1923 eine Europa-Reise als Gesellschafterin der Prinzessin Chakuntala, Schwiegertochter des Maharadscha von Boroda.

Bedeutsam für das weitere Leben von Rut Björkman wurde der Erste ökumenische Kongreß in Stockholm 1925, den der Erzbischof Nathan Söderblom einberufen hatte. Rut sah sich aus der Seele beauftragt, den Vertretern von Kirchen aus aller Welt öffentlich zu verkünden, daß das Evangelium anders als kirchlich üblich, nämlich im Sinne der Mystik, zu verstehen sei. Der Erzbischof, der aus Hudiksvall stammte, gab zu der erbetenen Aussprache keine Gelegenheit. Doch er empfahl Rut, ihrer Vision im Leben zu folgen. Rut besuchte den Kongreß, arbeitete als Dolmetscherin und erhielt Angebote, in kirchlichen Ausschüssen tätig zu werden. Vor einer Nachkonferenz in Uppsala wandte sich Rut erneut an Söderblom, wurde auch empfangen, jedoch nur auf die Bibel verwiesen, insbesondere auf den Trost der Psalmen.

Im Dezember 1925 zerbrach für Jahre ihr Lebenswille, da sie sich schuldig fühlte, der inneren Stimme, ihre Vision von der Botschaft des Evangeliums zu verkünden, nicht gefolgt zu sein. Schließlich fand sie in der schriftlichen Meditation, die sie bis zu ihrem Todestag (13. März 1988) pflegte, ihre gültige Ausdrucksweise. Die hier vorgestellten Werke sind aus dem umfangreichen nachgelassenen Schrifttum vor allem von Reinhard Mook zusammengestellt worden, der mit Rut Björkman von Jugend an über drei Jahrzehnte bis zu ihrem Tode befreundet gewesen ist.

Mystiker und Philosophen...

»Der Geist des Menschen beherrscht seine Welt. Dieser Geist, die Willkür und der Eigensinn des Geschöpfes, läßt es unter das Verderben kommen und an seiner Selbstentfremdung zugrunde gehen. Unsere Wege sind nicht die Wege des Schöpfers, unsere Gedanken sind nicht Seine Gedanken. Wenn wir nicht zur Offenbarung dessen werden, der uns erschuf, dann verbleiben wir mit allen stolzen Leistungen unseres Geistes außerhalb der Menschwerdung. Der Geist des Menschen muß sich mit dem Geist des Schöpfers verbinden, er muß sich verantwortlich wissen für die Offenbarung des Schöpfergeistes.

Darum muß der Mensch sein Bewußtsein ständig sammeln auf den Schöpfergeist in sich und in der gesamten Schöpfung.«

Der Mystiker ist ein Mensch, der sein Leben ganz auf Gott bezogen lebt. Das Zeugnis, das er vor seinen Mitmenschen ablegt, ist eine Botschaft aus der inneren Hinwendung zu Gott. Mit solchen Botschaften der Mystiker steht Rut Björkman im innigen Zwiegespräch und legt auf diese Weise selbst Zeugnis ab.

Rut Björkman - Reinhard Mook:
Leben aus dem Ursprung - Rut Björkman im Dialog mit großen Mystikern
160 S., 21 x 13,5 cm
ISBN 3-926253-93-2 (Ln)

Angeregt durch die eindringlichen Gedanken großer Philosophen meditiert Rut Björkman in diesem Buch über den letzten Urgrund menschlicher Bestimmung, wie er aus den unterschiedlichen Lebenszuständen heraus erfahren werden kann.

Rut Björkman - Reinhard Mook:
Leben in der Erkenntnis - Rut Björkman im Dialog mit großen Philosophen
200 S., 21 x 13,5 cm
ISBN 3-926253-94-0 (Ln)

Gedanken mit sich zu tragen...

»Schließe ich meine Augen, so sehe ich Gott in mir, öffne ich sie, so sehe ich Ihn in der unendlichen Fülle der Schöpfung.«

Rut Björkman hat nahezu 50 Jahre lang täglich bis zu ihrem Tode »schriftlich meditiert«. Viele der so entstandenen Niederschriften, insbesondere jene aus den Zeiten ihres Ringens um das Innere Licht, tragen den Charakter von Gebeten, sind »Worte der Verinnerlichung«.

Das Denken mit dem Herzen ist der Schlüssel, welcher das »Tor zum Himmelreich« in uns öffnen kann.

Die hier gesammelten »Herz-Gebete« wollen uns Nahrung sein und diesen Quell öffnen helfen. Sie sind zum großen Teil noch durch den geistigen Weggefährten Rut Björkmans ausgesucht und zusammengestellt worden.

Rut Björkman - Herz-Gebete,
176 S., 15x10 cm, bibliophile Ausgabe
ISBN 3-926253-90-8 (Gb)

Eine Sammlung nachdenkenswerter Aphorismen, ein authentischer Zitatenschatz, dem vom Herausgeber Reinhard Mook im zweiten Teil des Buches kurze Erläuterungen beigesellt worden sind, um zu vermeiden, daß diese Aussagen unzutreffend verstanden werden könnten.

Rut Björkman - Worte der Besinnung
ca. 176 S., 15x10 cm, bibliophile Ausgabe
ISBN 3-926253-96-7 (Gb)

»Der Heilige ist der in seiner Ganzheit lebendige Mensch.

Er ist daher nicht als eine Ausnahmeerscheinung anzusehen.«

Wahr Mensch zu werden...

»Wir müssen uns selbst in unserer Wahrheit erkennen als Schöpfergeist in dieser Offenbarung und uns mit Ihm ohne Unterlaß verbinden, damit er seine angefangene Schöpfung, die wir sind, zur Vollendung bringen kann.«

Die Menschheit des 20. Jahrhunderts ist an eine Grenze gelangt. In fast erschreckender Entsprechung ging mit dem äußeren Fortschritt eine innere Verarmung einher, wobei sich die Vermutung aufdrängt, die äußeren Aktivitäten dienten nur zur Beschwichtigung der inneren Unruhe.

Der Mensch erkennt allmählich, in welchem Ausmaß er aus seiner eigenen begrenzten Unbewußtheit gehandelt hat, ohne sich einzufügen in die Ganzheit des Seins. Er ist zum Menschen aus eigener Willkür verkommen, verfehlt somit die eigentliche Bestimmung seiner Geschöpflichkeit.

Im Geiste Meister Eckharts und mit der Kraft prophetischer Mahnung zur Umkehr, ruft Rut Björkman den umherirrenden Menschen zur Neubesinnung auf. Aus der Tiefe mystischen Erlebens schöpfend, weist sie neue Wege - Wege zur wahren Menschwerdung. Nur in der Rückbesinnung auf sein göttliches Erbe, auf die Fülle des Gottesfunkens in seinem Herzen, wird der Mensch seiner Bestimmung gerecht werden können.

Dieses Buch bedeutet eine Herausforderung: für den Christen, da es in der geistigen Tradition eines verinnerlichten Christentums geschrieben ist; für den religiösen Menschen allgemein, da die christlichen Symbole umsetzbar sind für das spirituelle Bemühen eines jeden Menschen.

Dies ist keine Lektüre für beschauliche Stunden. Es gleicht eher der Stimme des »Rufers in der Wüste«, der aus der Macht des Geistes zur Wandlung aufruft.

Dieses Buch enthält eine zutiefst beglückende Botschaft. Es zeigt die große Verheißung, die am Horizont einer noch in Dunkelheit verharrenden Welt aufleuchtet, und es weist Wege zu diesem Ziel - Wege zur wahren Menschwerdung.

Rut Björkman -
Der Weg zur wahren Menschwerdung
144 S., 20,5 x 13,5 cm
ISBN 3-926253-92-4
(Gb mit Schutzumschlag)

Alle Bücher sowie unser ausführliches Verlagsprogramm erhalten Sie über unsere Versandbuchhandlung im:

Dingfelder Verlag, Annette und Gerd Gmelin Gbr
Erlinger Höhe 9
D - 82346 Andechs
Tel.: 08152/6671
Fax: 08152/5120